Lisa Aparicio, editora da série

seja

ENVOLVER OS JOVENS NO EVANGELISMO

Wesley Parry • Denise Holland
Daniel Latu • Christiano Malta
Wouter van der Zeijden • Dario Richards

ISBN 978-1-63580-206-1 rev 2019-07-01

DIGITAL PRINTING

CRÉDITOS
Autores: Kenny Wade, Wesley Parry, Denise Holland, Daniel Latu, Christiano Malta, Wouter van der Zeijden, Dario Richards

Edição do Livro e da Série: Lisa Aparicio

Revisão: Emily Reyes, Priscila Guevara y Emily Knocke

Capa: Christian Cardona

Tradução: Daniela Nobre

ÍNDICE DE CONTEÚDO

SOBRE A SÉRIE

"Como guiar os jovens para que se sintam confiantes no evangelismo?"

"Em que é que devo pensar para me certificar que os meus jovens estão a crescer na fé?"

"Às vezes sinto que não sei o que estou a fazer enquanto líder. Como posso ajudar o meu grupo de jovens a desenvolver o seu potencial para a liderança?"

Ouvimos frequentemente estas perguntas vindas de líderes de jovens de todo o mundo; líderes de igrejas pequenas e de igrejas grandes; de pastores formalmente ordenados, ou de leigos voluntários. Talvez até o leitor já tenha feito estas mesmas questões.

Com esta série de três livros queremos chegar aos líderes de jovens locais, encorajando-os e equipando-os, para o trabalho importantíssimo que estão a fazer. O desafio é a diversidade do ministério de jovens, o navegar pela diversidade cultural em constante mudança. Por isso mesmo, decidimos focar cada livro numa das três estratégias fundamentais da JNI; o evangelismo (SEJA), o discipulado (FAÇA), e o desenvolvimento de liderança (VÁ). Estas estratégias têm servido o ministério de jovens da Igreja do Nazareno desde o seu início. Convidámos uma equipa diversificada de escritores para nos ajudarem a partilhar com o leitor uma perspetiva equilibrada sobre o ministério. Acreditamos que receberá alegremente esta combinação de vozes e que as diferentes perspetivas ajudarão a falar concretamente ao seu ministério, independentemente do seu contexto.

Onde quer que esteja no seu ministério, acredite que é valorizado, que há gente a orar por si, e que o que tem a oferecer ao ministério de jovens é mais do que imagina.

Que Deus o abençoe.

Gary Hartke
Director da Juventude Nazarena Internacional

PREFÁCIO

Quando falamos sobre evangelismo (SEJA), discipulado (FAÇA) e desenvolvimento de liderança (VÁ), é mais fácil procurarmos vozes semelhantes às nossas; que partilham ideias e estratégias que nos são familiares. No entanto, acreditamos que as três estratégias fundamentais da Juventude Nazarena Internacional (JNI) merecem uma discussão mais detalhada. O debate começou em 2013 com a renovação da ênfase nas estratégias fundamentais; foi nesta altura que começámos a abordar os tópicos SEJA, FAÇA e VÁ.

Evangelismo:
SEJA a luz de Deus mesmo nos lugares mais escuros do nosso mundo.

Discipulado:
FAÇA o trabalho árduo de se tornar mais como Cristo na sua caminhada com os outros.

Desenvolvimento de liderança:
VÁ, junte-se à sua comunidade e aprenda a ser um líder-servo.

À medida que o debate sobre estes três fundamentos se alarga, quisemos também partilhar as lições que os vários líderes têm aprendido ao pô-las em prática. Era importante que as lições fossem ensinadas por vozes diversificadas, cada uma trazendo uma perspectiva única para a conversa global. Para tal, precisávamos de uma equipa de escritores de todo o mundo; o resultado é esta série de livros da JNI, a qual cremos ser a verdadeira expressão do que significa ser uma igreja global.

Confiamos que vão beneficiar muito das várias perspectivas apresentadas. No início de cada capítulo há uma breve introdução sobre o seu autor. Ao ler cada livro, será lembrado da diversidade da nossa igreja, não apenas pelo conteúdo, mas também em coisas pequenas como o tipo de discurso. Fizemos questão de manter o vocabulário e ortografia de cada autor consistentes com a linguagem usada na sua zona geográfica. Nos casos em que o capítulo foi originalmente traduzido a partir de uma língua diferente, o vocabulário e ortografia do mesmo reflectirá mais a linguagem do tradutor.

Que Deus o abençoe no seu ministério enquanto procura envolver-se activamente com os seus jovens em evangelismo, discipulado e desenvolvimento de liderança. Acreditamos que estes livros são pontos de partida para o ajudar a ir mais longe e ser mais intencional no seu ministério. A onde o levará esta jornada? Convidamo-lo a tomar o seu lugar na história global da série SEJA, FAÇA e VÁ.

Lisa Aparicio
Editora
Coordenadora de Desenvolvimento do Ministério da Juventude Nazarena Internacional

AGRADECIMENTOS

A formação de uma equipa de escritores a nível global exigiu a contribuição e apoio de muitos indivíduos. Começou com um convite a todos os coordenadores regionais de jovens para que partilhassem connosco nomes de líderes cujo o contributo fosse exemplar nos temas do evangelismo, discipulado e desenvolvimento de liderança. Sem o apoio e o discernimento de Ronald Miller (Região de África), Janary Suyat de Godoy (Região Ásia-Pacífico), Diego Lopez (Região da Eurásia), Milton Gay (Região da Mesoamérica), Jimmy De Gouveia (Região da América do Sul) e Justin Pickard (Região EUA/Canadá), estes livros não seriam uma realidade.

Foram feitas inúmeras videoconferências com os 18 escritores para partilhar, colaborar e estruturar estes livros. Estas eram organizadas e presididas pela Shannon Greene (Escritório Global da JNI). O seu contributo neste projecto foi inestimável. Kenny Wade (Jovens em Missão) também participou em todas as reuniões, para partilhar o contexto da iniciativa SEJA, FAÇA e VÁ. A sua contribuição deu ao projecto uma base sólida onde construir. Kenny também é o autor das introduções dos três livros.

Em última análise, estes livros não seriam possíveis sem o trabalho árduo de cada um dos nossos escritores, que abriram os seus corações e partilharam sobre o mover de Deus a através dos esforços da igreja em envolver os jovens em evangelismo, discipulado e desenvolvimento de liderança.

África
Wesley Parry (Evangelismo)
Nicholas Barasa (Discipulado)
Lesego Shibambo
(Desenvolvimento de Liderança)

Ásia-Pacífico
Daniel Latu (Evangelismo)
Bakhoh Jatmiko (Discipulado)
Cameron Batkin
(Desenvolvimento de Liderança)

Eurásia
Wouter van der Zeijden (Evangelismo)
Nabil Habiby (Discipulado)
Kat Wood
(Desenvolvimento de Liderança)

Mesoamérica
Dario Richards (Evangelismo)
Milton Gay (Discipulado)
Odily Díaz
(Desenvolvimento de Liderança)

América do Sul
Christiano Malta (Evangelismo)
Jaime Román Araya (Discipulado)
Thiago Nieman Ambrósio
(Desenvolvimento de Liderança)

USA/Canada
Denise Holland (Evangelismo)
Andrea Sawtelle (Discipulado)
Phil Starr
(Desenvolvimento de Liderança)

INTRODUÇÃO

Kenny Wade

Kenny Wade é coordenador dos Jovens em Missão. Para Kenny, o ministério de jovens é o culminar do Reino através da inovação pioneira da vida dos jovens comprometidos com Cristo. Kenny acredita que somos pessoas com Boas Novas e que colocamos a nossa esperança na ressurreição de Cristo.

Uma das minhas primeiras memórias sobre evangelismo, remonta ao Nordeste da África do Sul. Filho de missionários, com apenas 8 anos, lembro-me de ver os meus pais caminhando e conversando com as pessoas da vila. Ouviam atentamente para conhecerem melhor o lugar, as pessoas, a língua e a cultura. Quando surgia a oportunidade, partilhavam a razão de estarem ali. Um casal de americanos a passear numa vila tribal da África do Sul levanta algumas questões. Mas os meus pais respondiam, partilhando as Boas Novas de Jesus.

Caminhar e falar (Mateus 4:18). Jesus fazia muito isto. Andava por toda a parte com os Seus amigos. Conversando com eles sobre as coisas eternas e diárias. Conhecendo novas pessoas. Partilhando refeições uns com os outros. Discutindo os assuntos da fé. Fazendo perguntas. Andar e falar é o que preenche os espaços entre os grandes acontecimentos dos quatro evangelhos. Viver a vida em conjunto.

Nenhuma amizade moldou a minha visão de evangelismo mais do que a que partilho com o Bobby. Conhecemo-nos nos treinos de futebol dos nossos filhos. Quando o conheci, tentei pôr em prática aquilo que João Wesley descreve como graça preveniente: Deus já está presente e activamente chamando as pessoas para um relacionamento mais profundo com Ele.[1] Tentei confiar que a presença de Deus já se estava a mover na vida do Bobby. O meu papel enquanto seguidor de Cristo era estar presente, disponível e cooperante com o Espírito de Jesus; não ser um mini-espírito santo. A minha tarefa não era acusar, julgar ou salvar. Com Bobby, quis comprometer-me com o trabalho autêntico e mais desafiante de confiar a longo prazo que Deus já estava presente — mas esta não foi sempre a minha abordagem.

> **O meu papel enquanto seguidor de Cristo era estar presente, disponível e cooperante com o Espírito de Jesus; não ser um mini-espírito santo. A minha tarefa não era acusar, julgar ou salvar.**

O meu entendimento de evangelismo durante a minha adolescência era meio distorcido. De alguma forma, partilhar as novas de Jesus tornou-se numa tentativa de ganhar o favor de Deus. Evangelismo não era estar com Deus e com os outros. Mas uma forma de estar bem com Deus e, para isso, tinha de falar sobre Jesus a um determinado número de pessoas. Evangelismo era a minha tentativa de levar pessoas a seguir Jesus em vez de me juntar a Deus naquilo que Ele já estava a fazer no coração de cada um. Era demasiado forçado. Havia uma fórmula de oração a seguir e se fosse bem dita a pessoa transformava-se instantaneamente num cristão. O que eu menos queria era transformar a minha amizade com o Bobby num projecto sobre a minha falta de auto-estima. Queria evitar comercializar a nossa amizade ou objectificar o Bobby (ou eu próprio) a todo o custo. Tive de perguntar a mim próprio se a única razão do nosso relacionamento era partilhar Cristo com ele, ou se realmente me importava com ele enquanto pessoa, independentemente das suas crenças. No início da nossa amizade era provavelmente um pouco de ambas. Mas tenho percebido que os meus esforços evangelísticos tendem a focar-se mais no resultado, ou seja, na decisão da pessoa, do que no que Deus já está a fazer na sua vida. Quando permito que esta motivação pelo resultado seja a minha postura no relacionamento, a pessoa torna-se num projecto a ser completado em vez de alguém que também precisa de amor. A minha postura interior no evangelismo é bastante reveladora do meu sentido pessoal de auto-estima. Esta interior leva-me a perguntar: "Porque é que estou a evangelizar?"

> **Evangelismo não é algo que *fazemos* aos outros, é um estilo de vida.**

Num retiro, ainda jovem, a tensão e frustração à volta do evangelismo vieram ao de cima. Fui confrontado com a ideia de que partilhar Jesus não era dizer determinada oração ou fazer com que os outros fizessem o que eu achava que era o melhor para eles. Foi um conceito extremamente difícil de entender, mas que mudou a forma como via o evangelismo. Evangelismo não é algo que *fazemos* aos outros, é um estilo de vida. Uma maneira de SER. Evangelismo é o bom e árduo trabalho de estar perto de Deus e permitir que Ele trabalhe através de mim. É confiar em Deus para alcançar os resultados. É SER quem Deus quer que eu seja todos os dias. É SER com os outros. O evangelismo é uma maneira de prestar atenção ao Espírito de Deus, que já está a trabalhar no mundo através das vidas de muitos, e juntar-me a Ele. No livro *Being Real*, partilho sobre o convite de permitir que a imagem de Deus em mim faça sobressair a imagem de Deus noutra pessoa.[2] Isto permite que o Espírito de Cristo me lidere, em vez das minhas motivações confusas e técnicas desadequadas.

Lembra-se do meu amigo Bobby? Quando nos conhecemos, resisti a impin-gir-me a ele, com a minha vida ou com a minha vocação. Ele sabia qual era a minha profissão. Contou-me que cresceu na igreja, mas não se interessava muito por religião no geral. Era como se fosse um teste. Teria eu capacidade para ter uma amizade com ele? Deus já tinha iniciado a obra da graça na vida do Bobby e na minha também. Mas escolheria eu ter consciência desta realidade na nossa jornada a dois?

Quando Jesus encontrou a mulher no poço, aproximou-se dela pedindo-lhe que lhe desse de beber. Percebeu? Jesus abordou-a com a necessidade d'Ele, não a dela (João 4:7-14). O jovem rico aproxima-se de Jesus com uma questão (Lucas 18). Jesus responde com uma declaração que leva o jovem a fazer perguntas mais profundas sobre a sua vida e sobre a sua fé. Antes de partilhar sobre a ressurreição de Cristo em Atenas, Paulo leva o seu tempo a conhecer a cidade, a cultura e o contexto (Actos 17). Paulo ouve e aprende. Cita os seus poetas para envolver a sua imaginação e convida-os a consi-derar Cristo pela lente da sua fé local. As nossas necessidades. As questões dos outros. Sensibilização do contexto. Os nossos esforços evangelísticos devem estar de acordo com o nosso contexto e com os relacionamentos do nosso panorama cultural. Os métodos eficazes no meu contexto, podem não se adequar ao seu. Mas se buscarmos um método de evangelismo que pressuponha que Deus já está a trabalhar na Sua missão de redimir o mundo, os relacionamentos são a nossa prioridade e uma necessidade criativa. Paulo indicou-nos o caminho. Tanto Paulo como Jesus, mudaram os seus métodos de evangelismo e desenvolveram várias estratégias para se adequarem a indivíduos ou a grupos de vários tamanhos. Não podemos ter um relacionamento com toda a gente, mas podemos mostrar respeito para com o relacionamento intencional que Deus deseja ter com todas as pessoas para que sejam feitas à Sua semelhança.

As relações mais desafiantes para partilhar o evangelho são as que conhe-cemos melhor; as nossas famílias, amigos, vizinhos, igreja e colegas. Eles conhecem-nos bem e sabem o que é estar connosco. Sabem se estamos realmente a viver as Boas Novas ou apenas a falar delas. Se SOMOS as Boas Novas. Evangelismo é vir a Jesus para SER. Depois, é permitir que Jesus nos molde para nos relacionarmos com os outros.

Nas histórias bíblicas que falámos ainda há pouco, quem são os neces-sitados? O evangelismo pode acontecer quando nos permitimos ter necessidades e Deus pode usá-las para partilhar as Boas Novas com outros. A pequena necessidade de uma ferramenta para reparar alguma coisa em casa pode tornar-se numa ponte relacional. Eu posso comprar a ferramenta e resolver o problema, ou posso pedir a um vizinho que me empreste a dele. A acção de emprestar, pode levar a uma ponte relacional que me permita partilhar as Boas Novas. O amor de Deus, o perdão e a esperança que há em Cristo podem ser expressos através do Espírito ao escolhermos viver intencionalmente em necessidade. O evangelismo não deve ser um fardo que projectamos nos outros. Quando nos aproximamos de Deus, Deus aproxima-se de nós e podemos verdadeiramente ser nós próprios em Cristo. O Espírito de Deus já está a agir na vida das pessoas (graça preveniente) e o nosso convite é juntarmo-nos a Ele seguindo as direcções do Espírito durante todo o processo.

Quando terminou a temporada desportiva e percebi que talvez não visse o Bobby durante alguns meses, passei por casa dele para trocarmos contactos. Estávamos os dois à porta quando ele me perguntou: "A que horas é o teu culto?" Apanhou-me de surpresa. Respondi-lhe rapidamente, "Sabes que para mim não é sobre religião ou igreja; é sobre ter um relacionamento com Jesus, não sabes?" O Bobby disse: "Sei, é por isso que gosto de falar contigo." Se calhar isto de esperar em Deus, confiar que Ele já está a trabalhar e juntarmo-nos a Ele na Sua obra, até faz algum sentido.

Podemos concordar em fazer algumas suposições juntos ao entrarmos nesta aventura de explorar o que é o evangelismo? Vamos partir do princípio que as Boas Novas de Jesus são, primeira e principalmente, algo que devemos abraçar ao escolhermos SER com Jesus. Diariamente. Semanalmente. Sempre. Aí podemos acreditaram que as Boas Novas de Cristo vão fluir através de nós sem esforço. Podemos assumir ainda, que se o Espírito de Deus já está presente e a trabalhar nas nossas vidas, também está nas vidas dos outros? Concordemos então em ser abordáveis. O tipo de pessoas com quem os outros gostam de falar sobre o dia a dia e sobre a esperança que temos em Cristo. A classe mais baixa da cidade gostava de estar com Jesus (Lucas 15:1-2). Ele era a alegria da festa dos marginalizados. Supomos então que estamos no meio deles. E desfrutemos da graça de Deus. Vamos SER as Boas Novas.

Wesley Parry

Wesley Parry é membro da Equipa de Impacto que serve em Joanesburgo, África do Sul. É apaixonado pelo ministério de jovens porque os jovens estão em constante mudança, sempre em movimento e dinamismo. Entusiasma-se muito quando os jovens se envolvem em papéis de liderança na igreja. Wesley gosta de ver o desejo dos jovens transitar de receber para servir.

Ao começarmos esta jornada, procurando envolver os nossos jovens no evangelismo, queremos explorar os fundamentos bíblicos do evangelismo. Vamos olhar para o ministério de Jesus e para a igreja primitiva para reflectir sobre a diversidade com que partilharam as Boas Novas e a consistência com que flui nas interacções com as pessoas. No entanto, para começar, vamos relembrar que mensagem transformadora é esta.

A Nossa Mensagem

Cristo crucificado e ressurrecto.

Não nos devemos esquecer de que a mensagem que fomos incumbidos de trazer ao mundo é uma verdade simples e maravilhosa. Nunca mudará. Desde o início e até à Nova Jerusalém, a mensagem será Jesus encarnado, crucificado e ressurrecto. Proclama o amor radical de um Deus disposto a tornar-Se humano e a viver connosco. Abraça a verdade escandalosa de um Deus que Se entrega até à morte numa cruz para redimir a Sua criação. Declara o poder que dá esperança do Cristo ressurrecto. Esta mensagem é importante porque tem um poder transformativo nas nossas vidas — aquele amor radical está disponível. A morte de Jesus é o que nos traz o perdão e uma nova vida em Cristo. O mesmo poder que ressuscitou Jesus dentre os mortos está disponível para nos elevar de volta à vida. Esta mensagem é importante. Esta mensagem é o que mundo precisa de ouvir.

Todos temos as nossas histórias de entrega e transformação. Se achamos que não, é porque não ponderámos verdadeiramente sobre o trabalho de Deus nas nossas vidas. Às vezes os jovens acham que não têm histórias para partilhar e nós temos de os ajudar a reconhecer o trabalho de Deus nos seus corações e nas suas vidas. Em última análise, no entanto, as nossas histórias são testemunhos da veracidade da própria mensagem. Como Paulo diz em 2 Coríntios 4:5: "Porque não nos pregamos a nós mesmos, mas a Cristo Jesus, o Senhor; e nós mesmos somos vossos servos, por amor de Jesus." Qualquer forma de evangelismo deve apontar para Jesus. Devemos, como Paulo declara, "pregar Cristo crucificado" em todo o tempo (1 Coríntios 1:23).

Agora vá e deixe a sua vida de pecado.

Num encontro com uma mulher adúltera, Jesus transmite uma mensagem importante que o evangelismo moderno tende a evitar. Antes de deixar a mulher ir, Jesus diz, "vai-te e não peques mais." (João 8:11). Quando o evangelista e plantador de igrejas Harmen Shmelzenbach, chegou à Suazilândia em 1900, não sabia a língua daquele povo, mas com o passar do tempo aprendeu a palavra para arrependimento: "*phendugani*". Era visto a pregar a mensagem de *phendugani* do cimo de uma rocha.[1] O arrependimento é a vítima infeliz do evangelismo moderno, onde se praticam metodologias ao estilo "rápido, acreditas?" ou a "oração do pecador"; mas ninguém quer falar de pecado. Jesus, por outro lado, estava sempre a confrontar o pecado. (Mateus 21:12-17, Lucas 17:1-4, Mateus 18:15-20). O próprio Jesus disse: "eu não vim chamar os justos, mas sim os pecadores" (Marcos 2:17). Enquanto evangelistas bíblicos, a nossa mensagem completa não é apenas o amor de Deus, mas também a Sua santidade, a Sua rectidão e o Seu perdão do pecado. É isto que, assumidamente, devemos pregar.

Jesus o Evangelista

Vale a pena perguntar, como é que Jesus proclamava esta mensagem de arrependimento e era considerado um amigo dos pecadores, ao passo que a igreja tem pregado a mesma mensagem e repelido aqueles que tenta trazer a Cristo? Jesus era relacional e pessoal, dava valor à amizade acima dos esforços. Cada palavra e acção vindas de Jesus era avaliada e intencional. Como tal, quero discutir algumas características de Jesus, expressas na Sua interacção diária com as pessoas. Faríamos bem em encarnar — e ajudar os nossos jovens a encarnar — estas características enquanto testemunhas perante os outros, se desejamos atraí-los em vez de os repelir.

Certeza

Devemos saber sem dúvidas que Deus nos chamou a cada um para levar o Evangelho ao mundo. Esta chamada deve ser entendida e profundamente aceite no nosso coração, tal como foi no de Jesus. Esta certeza permite-nos ser obedientes independentemente do que Deus nos peça. Talvez sejamos chamados para cultivar o solo, ou para plantar as sementes ou até para regar. É um privilégio ser chamado para a colheita, mas este não será sempre o nosso papel. Certeza permite-nos confiar a Deus os resultados.

Intencional

Jesus era intencional em todos os Seus encontros. Jesus aproximou-Se da mulher no poço enquanto viajava, mas podia ter feito a mesma viagem sem passar por Samaria. Ele colocou-Se intencionalmente em território inimigo para poder encontrar-Se com pessoas que precisavam d'Ele. Os nazarenos acreditam que a graça preveniente de Deus atrai intencionalmente todas as pessoas. A nossa intencionalidade manifesta-se na obediência ao juntarmo-nos ao trabalho que Deus já está a fazer nas suas vidas para que oiçam a Sua palavra.

Humildade

Esta é, naturalmente, uma característica que associamos a Jesus. As próprias Escrituras revelam-no claramente. "De sorte que haja em vós o mesmo sentimento que houve também em Cristo Jesus, que, sendo em forma de Deus, não teve por usurpação ser igual a Deus. Mas aniquilou-se a si mesmo, tomando a forma de servo, fazendo-se semelhante aos homens" (Filipenses 2:5-7). Esta humildade é central em amizades genuínas e é um elemento chave para ultrapassar as defesas das pessoas.

Disponibilidade Para Ouvir

Estar disponível para ouvir é imperativo no evangelismo pessoal. Evangelismo é mais do que proclamar Jesus, é ouvir e prestar atenção aos desejos, esperanças e dores mais profundas de cada indivíduo. Isto também significa sacrificar os nossos próprios desejos quando Deus nos chama para estarmos presentes. Observamos Jesus perguntar às pessoas coisas como: "Que palavras são essas que, caminhando, trocais entre vós e por que estais tristes?" (Lucas 24:17); "Que queres que te faça?" (Marcos 10:51); "E vós quem dizeis que eu sou?" (Lucas 9:20). Apenas no evangelho de Mateus, Jesus faz 94 perguntas em conversas evangelísticas.[2] Talvez devêssemos, enquanto evangelistas, seguir o exemplo de Jesus e parar de falar durante todo o encontro; começar a fazer perguntas e ouvir as respostas atentamente.

Alegria

Em toda a Bíblia vemos Cristo mostrar uma profunda e eterna alegria no Pai e no Reino. Esta é e tem sido a melhor forma de evangelismo que nós, cristãos, temos à nossa disposição — os nossos testemunhos e a alegria que temos no Senhor (Actos 4:33).

Abordagens ao Evangelismo

Jesus mostrou tanta criatividade em partilhar as Boas Novas como a que vemos na Sua criação. Não há um método único de fazer evangelismo. Há, no entanto, várias abordagens que vemos Jesus desenvolver, que nos podem dar algumas ideias.

Evangelismo Pessoal

Quando ensinamos estudos bíblicos ou quando temos campanhas e cultos evangelísticos, estamos a evangelizar e a ensinar. Contudo, evangelismo pessoal é o que vemos Jesus fazer, consistentemente, em todo o seu ministério. É o que vemos em João 4, no poço, com a mulher samaritana. Esta história é um óptimo exemplo de evangelismo pessoal e devemos prestar mais atenção ao processo e passos pelos quais Jesus passa nesta conversa.

1. O primeiro passo é estabelecer contacto. O contacto pode ser estabelecido com qualquer pessoa e em qualquer lugar. Para alguns de vós isto é o que chamamos de alcançar, mas para outros é apenas o colega do trabalho ou da escola ou o vizinho. Para Jesus, era uma mulher, que estava junto ao poço. Tal como Jesus, que desafiou as normas sociais e religiosas ao falar com esta mulher (porque era mulher e era samaritana), não podemos permitir que quaisquer barreiras nos impeçam de fazer este primeiro contacto. Da mesma forma, se acreditamos que o Evangelho é verdadeiramente para todos, devemos estar disponíveis para ultrapassar quaisquer barreiras para estabelecer contacto com quem Deus nos indica. Temos de ajudar os nossos jovens a estarem mais atentos a estas oportunidades e temos de ser modelos desta atenção.

2. Jesus inicia uma conversa com a mulher. Para alguns pode demorar alguns dias, para outros, meses, mas quando a conversa se inicia temos de estar atentos às oportunidades de falar sobre Jesus. Mas não podemos começar assim. O evangelismo frontal e directo, que sai

a toda a velocidade, já não é tão eficaz porque a reacção imediata é levantar a guarda. Até Jesus o evitou, pedindo-lhe água primeiro. Só depois de estabelecer o contacto e iniciar a conversa sobre água é que Ele reorientou a conversa para a água viva. Os nossos jovens sentem-se intimidados quando chega o momento de fazer esta transição na conversa. Temos de os ajudar a perceber e a identificar estes momentos, e como é que se podem preparar e confiar no Espírito Santo para os guiar.

3. Jesus revela que é o Messias. No nosso caso, a declaração ou revelação, é que Jesus é o Senhor da nossa vida. Temos de ter em atenção que a nossa vida deve ser um reflexo fiel de Cristo para que as nossas palavras confirmem as nossas acções. Quando era criança, a minha mãe dizia-me sempre "faz o que eu digo". Como crentes que querem alcançar o mundo para Jesus, devemos encarnar o que dizemos. Podemos ajudar a preparar os nossos jovens para esta oportunidades, ajudando-os a perceber que as nossas acções e atitudes são o nosso primeiro testemunho — a favor ou contra a história de Deus.

4. Vemos a mulher a correr de volta para a cidade para testemunhar do que Jesus disse. O texto não clarifica se, neste momento, ela já acreditava inteiramente. Às vezes temos de aceitar a incerteza com que alguém responde ao nosso testemunho. É importante que os nossos jovens percebam que o nosso trabalho é partilhar à medida que Deus nos guia, e que é o Espírito Santo quem convence e traz as pessoas ao ponto da decisão.

5. Jesus usa o método da multiplicação para alcançar outros além da mulher. Através da conversão da mulher, toda a cidade ouviu as Boas Novas do Messias; isto foi o resultado directo do ministério de Jesus para com esta mulher. Jesus era intencional em tudo o que fazia.

Outro exemplo de evangelismo pessoal é a interacção de Jesus com o doutor da lei (Lucas 10). Este pergunta a Jesus o que deve fazer para ter a vida eterna. Jesus afirma a resposta do próprio doutor; que deve amar a Deus e ao próximo. O evangelismo seria tão fácil se as pessoas nos perguntassem isto directamente. Só tínhamos de responder e orar com eles para aceitarem a salvação. Porém, Jesus vê o coração do doutor da lei, e devolve-lhe a pergunta. O doutor da lei responde-lhe resumindo o que diz a lei: "Amarás ao Senhor, teu Deus, de todo o teu coração, e de toda a tua alma, e de todas as tuas forças, e de todo o teu entendimento e ao teu próximo como a ti mesmo" (Lucas 10:27). Jesus responde no versículo 28, "Respondeste bem;

faze isso e viverás". Simples, não é? Bem, neste caso, não. Jesus sabe que o coração do homem não era sincero e, como escreve Lucas no versículo 25, este apenas O queria testar. E o homem responde com outra questão.

Hoje também encontramos pessoas assim, pessoas que estão mais interessadas em debater ideias religiosas em vez de buscarem Cristo. Não os devemos levar a mal, dando-lhes o mesmo amor que a qualquer outra pessoa. Nesta história, Jesus recusa-se a participar no debate teológico (apesar de eu achar que seria o vencedor óbvio), mas responde às perguntas com uma história.

Neste encontro, ao contrário da conversa com a mulher junto ao poço, "Jesus ficou satisfeito (…) por deixar este homem ir sem a mensagem do evangelho. E em vez disso deixou-lhe algumas questões nas quais ponderar".[3] Fazer isto, apenas é possível se acreditarmos verdadeiramente que é Deus que salva. Devemos permitir que o Espírito Santo faça o Seu trabalho. Nós somos chamados a fazer evangelismo, mas apenas a juntarmo-nos ao ministério do Espírito Santo.

> **Será que conseguimos caminhar ao lado de alguém que continua a rejeitar a mensagem de Cristo?**

Será que conseguimos caminhar ao lado de alguém que continua a rejeitar a mensagem de Cristo? Tenho certeza que Jesus ansiava que este homem deixasse o debate e genuinamente seguisse Deus. Será que Jesus sabia que o doutor da lei não estava pronto para receber o Evangelho? Eu conheço não-crentes que não estão prontos para receber o Evangelho, mas será que confio que Deus proporcionará um tempo para que aconteça, mesmo que não seja comigo?

O Método da Multiplicação

Como mencionado na parte anterior, o evangelismo pessoal entre Jesus e a mulher transformou-se no método da multiplicação quando ela voltou para a cidade a correr, para partilhar o encontro que tinha tido com Jesus. Às vezes, o método da multiplicação é perfeito, como nesta história. O novo crente não pode conter as Boas Novas que ouviu. E começa a partilhá-las com quem o ouvir. Noutros casos, contudo, os novos crentes precisam de ser discipulados na sua nova fé e ajudados para perceberem o seu papel na evangelização de outros. Para que a multiplicação aconteça, os novos crentes têm de aceitar a sua chamada pessoal para partilhar as boas novas de Jesus.

Each One Win One (Cada Um Ganha Um) é um termo usado pelos nossos líderes nazarenos, Stan Toler e Louie Bustle, no seu guia de evangelismo.[4] No entanto, se pararmos aqui, apenas nos envolvemos com o método da adição, em que cada crente tem a tarefa de fazer outro crente. Em vez disso, todos os crentes, novos e maduros, devem aceitar inteiramente a sua chamada pessoal para partilhar as Boas Novas. Por isto mesmo, Toler e Bustle escreveram um guia complementar chamado, *Each One Disciple One (Cada Um Discipula Um)* onde oferecem recursos e ferramentas aos líderes para que possam ajudar os novos crentes a crescer na sua fé e a chegarem a um ponto em que estão, também, prontos a partilhar a sua fé com os outros.

Observamos um forte exemplo do método da multiplicação depois da morte de Estêvão, em Actos 8. Ao serem perseguidos, os crentes da igreja em Jerusalém espalharam-se, e continuaram a pregar a Palavra por onde passaram. Não esperaram pelos apóstolos. Cada crente aceitou a responsabilidade de partilhar as Boas Novas com os seus próximos.

Evangelismo de Grupo

Quando olhamos para a igreja primitiva, vemos os primeiros cristãos a partilhar as boas novas de Jesus em pequenos e grandes grupos de evangelismo. Actos 2 começa com a história do Pentecostes e a mensagem ousada que Pedro proclama aos seus camaradas israelitas. Ele declara publicamente que Jesus é o Senhor e Cristo. As Escrituras registam que 3 mil pessoas acreditaram no que Pedro disse, foram baptizadas e entraram na comunidade de crentes naquele mesmo dia.

Apesar de não ser uma responsabilidade obrigatória de cada indivíduo (como o evangelismo pessoal), é uma tarefa de toda a igreja, do corpo de Cristo. Campanhas de evangelismo, eventos, pequenos grupos, grupos de jovens, campanhas especiais como a visita às prisões e aos hospitais, ministério de reabilitação e até os cultos de Domingo, são considerados evangelismo de grupo. O perigo, porém, é quando começamos a pensar que o evangelismo de grupo é responsabilidade exclusiva dos pastores, dos "Pedros" ou dos apóstolos; daqueles que sabem e podem pregar a uma larga audiência. Não é verdade!

O fim do capítulo 2 de Actos, fala-nos sobre os grupos mais pequenos de crentes: aqueles que "perseveravam na doutrina dos apóstolos, e na comunhão, e no partir do pão, e nas orações." (Actos 2:42) Estes grupos de crentes vendiam as suas posses para apoiar quem precisasse; "E, perseverando unânimes todos os dias no templo e partindo o pão em casa, comiam juntos com alegria e singeleza de coração" (Actos 2:46). Através do amor sacrificial pelos seus irmãos e irmãs, "louvando a Deus e caindo na graça de todo o povo. E todos os dias acrescentava o Senhor à igreja aqueles que se haviam de salvar" (Actos 2:47). Tal como a igreja primitiva, nós temos de incorporar o evangelismo em todas as actividades, dentro ou fora, da igreja.

A Nossa Comissão

A planta do evangelismo é dada por Jesus em Actos 1:8 e em Mateus 28:18-20:

> "Mas recebereis a virtude do Espírito Santo, que há de vir sobre vós; e ser-me-eis testemunhas tanto em Jerusalém como em toda a Judeia e Samaria, e até aos confins da terra."

> "(...) É-me dado todo o poder no céu e na terra. Portanto, ide, ensinai todas as nações, baptizando-as em nome do Pai, e do Filho, e do Espírito Santo; ensinando-as a guardar todas as coisas que eu vos tenho mandado; e eis que eu estou convosco todos os dias, até à consumação dos séculos."

Estas duas comissões são muito semelhantes à primeira ordenança dada por Deus em Génesis 1:28: "Frutificai, e multiplicai-vos, e enchei a terra". A continuidade da mensagem diz-nos que desde o início que estamos incumbidos de encher o mundo com seguidores de *Yahweh*. Observamos mais especificamente quatro objectivos distintos na Grande Comissão: ir, fazer, baptizar e ensinar.

Temos de ver o evangelismo através da mesma lente criativa com que vemos Jesus e os primeiros cristãos.

"Ir" é uma instrução clara para tomarmos a iniciativa e sairmos de onde estamos para alcançar aqueles que O buscam. Não nos podemos dar ao luxo de esperar que os perdidos venham até nós, como muitas igrejas têm feito ultimamente. Somos nós que devemos ir. O evangelismo bíblico, ou evangelismo à seme-lhança de Cristo, implica alcançar, *ir*, chegar aos perdidos deste mundo.

"Fazer" é uma instrução a pregar e proclamar o Evangelho e os efeitos da cruz, da graça, do arrependimento e da fé. Evangelismo é proclamar ao mundo a cruz de Cristo, que Ele morreu por nós, que foi sepultado e ressuscitou ao terceiro dia. É através disto que levamos as pessoas ao ponto de confissão e arrependimento. A palavra "fazer", é usada em vez de pregar, porque não é apenas uma mensagem que transmitimos ao mundo, mas a Palavra que se tornou carne, Deus no início. Também partilhamos as promessas e as exigências de vivermos com Ele.

"Baptizar" é uma instrução para guiarmos e chamarmos as pessoas que estão na fase da confissão e do arrependimento, para a fase em que professam a sua fé em Cristo. O baptismo é um meio da graça ordenado por Jesus a todos os crentes que recebem o evangelho.

"Ensinar" relata a importância de alicerçar os novos crentes nas verdades fundamentais da Palavra de Deus. Assim que o novo crente é baptizado, deve receber orientação contínua nos princípios e práticas da vida cristã. Esta é a parte do aperfeiçoamento a que nós, nazarenos, chamamos inteira santificação.

O Nosso Papel

A primeira carta de Paulo aos Coríntios contém a lição chave dos vários papéis necessários no trabalho evangelístico. Enquanto refuta os crentes que estão divididos em seitas de acordo com o seu líder espiritual, Paulo realça os diferentes papéis que cada um de nós poderá cumprir na jornada de fé de uma pessoa.

> "Pois quem é Paulo e quem é Apolo, senão ministros pelos quais crestes, e conforme o que o Senhor deu a cada um? Eu plantei, Apolo regou; mas Deus deu o crescimento." (1 Coríntios 3:5-6)

Como já falámos neste capítulo, às vezes temos o papel de preparar o solo, outras de semear, outras ainda de regar e de colher. Apesar de ser Deus quem faz a semente crescer, não devemos menosprezar o nosso trabalho em momento algum.

Temos uma responsabilidade enquanto líderes de jovens; de não apenas viver fielmente esta chamada nas nossas vidas, mas de ajudar os nossos jovens a abraçar esta mesma chamada. Temos de ver o evangelismo através da mesma lente criativa com que vemos Jesus e os primeiros cristãos. Temos de ultrapassar este modelo do pregador num canto da rua, como único modelo de evangelismo. Temos de ultrapassar a culpa e em espírito de oração buscar o que Deus nos está a pedir.

CAPÍTULO 2

Como Começar: Desenvolver o Coração e a Postura Correctas Para o Evangelismo

Denise Holland

Denise Holland é directora dos Ministérios de Jovens na Igreja do Nazareno de Brantford, em Brantford, Ontário, Canadá. É apaixonada pelo ministério de jovens porque tem o privilégio de partilhar Jesus e ver os jovens encontrá-Lo. O evangelismo é importante porque quer que todas as pessoas tenham uma oportunidade de conhecer o amor de Jesus e de andar na melhor relação com Deus e os outros.

Acredito realmente em Deus e naquilo que a Sua Palavra diz? Acredito que a alma humana é eterna e que apenas aqueles que receberem o dom da salvação pela fé em Jesus vão para o céu? Acredito no inferno, um lugar de separação eterna de Deus? Gostava de ter ponderado nestas questões antes do meu amigo Mark morrer, no último ano da minha licenciatura.

Com 23 anos, quando pensava ser invencível e ter todo o tempo do mundo para acertar as coisas com Deus, um dos meus amigos mais próximos foi levado para a eternidade — o problema é que não sabia para qual delas. Comecei desesperadamente à procura de respostas às questões mais profundas da vida e da morte, com Deus e os outros. Perguntas como: Para onde é que foi o meu amigo? Fiquei profundamente perturbada com as possibilidades. Do que tinha aprendido na igreja, o meu amigo, que nunca professou fé em Jesus, estava no inferno, separado de Deus para toda a eternidade. Não conseguia suportar este pensamento! Não só porque amava o meu amigo e conseguia imaginá-lo a sofrer intensamente, mas também porque achava que, de alguma forma, a culpa era minha, por não ter partilhado o meu conhecimento. Eu sabia que devemos arrepender-nos e confiar na morte de Jesus na cruz para ser salvos e ter a vida eterna com Deus.

O peso da perda foi arrasador, eu podia ter ajudado o meu amigo a conhecer Deus. Só Deus sabe com toda a certeza se alguém tem fé, mas não ter a certeza trouxe-me muito sofrimento e um grande sentimento de culpa. A morte do Mark também me trouxe uma introspecção séria. Estava pronta para ir para o céu e encontrar Deus quando morresse? Acreditava mesmo que os humanos estão perdidos e vão para um inferno eterno sem a salvação de Jesus? Se acreditava mesmo que estamos perdidos sem Jesus, porque é que mantinha este conhecimento em segredo? Eu sabia que Deus era real e que Jesus era o único caminho para o céu, mas não o partilhei por medo. Era mais importante o que as pessoas achavam de mim do que ser obediente a Deus. Antes disto, raramente pensava na minha mortalidade e destino eterno ou na dos meus amigos. Sabia que tinha perdido a oportunidade de mudar a história do Mark e não podia voltar atrás para corrigir o meu erro! Na minha angústia procurei a misericórdia de Deus e decidi que a partir daquele momento viveria para Deus e, com a ajuda do Espírito Santo, seria intencional ao falar sobre Jesus e a salvação.

No livro *Follow Me*, David Platt diz:

> "O mais trágico é que podíamos estar a experimentar mais de Deus, mas apenas sentimos culpa! O medo de O seguir na Sua missão de fazer discípulos, deixa-nos desanimados connosco próprios. Não tem dificuldades com este tipo de culpa? Lemos a Bíblia e acreditamos que Jesus é o único caminho para o céu. Receamos que os que morrem sem Cristo enfrentem um futuro horrível. Mas, por qualquer razão, esforçamo-nos tão pouco por avisar a nossa família e os nossos amigos. Todos temos vizinhos, colegas e outras pessoas por quem passamos diariamente sem dizer uma palavra acerca de Jesus. E olhamos para as nossas vidas e pensamos, isto não faz sentido! Ou eu não acredito verdadeiramente na Bíblia ou não sei o que é amar. Estou mais preocupado em ser rejeitado do que estou com o destino eterno de alguém.'"

Nada acontece sem Deus e sem oração

David Platt sugere ainda que a resposta à sua complacência é rejeitar o conforto e a facilidade; arrepender-se e ser mudado. Não conseguimos fazer nada de valor duradouro em nós próprios. O livro de Actos dá-nos vários exemplos de pessoas que foram capacitadas e guiadas pelo Espírito Santo. O Espírito permitiu que fossem testemunhas eficazes, dando-lhes ousadia e, através delas, demonstrando sinais e maravilhas. A partir do momento em que recebemos Cristo e somos cheios do Espírito Santo através do arrependimento e da fé, devemos orar e pedir a Deus que nos dê o que precisamos para fazer o trabalho evangelístico. A oração abre o nosso coração Àquele que pode fazer todas as coisas, e reconhece a nossa inadequação e dependência em Deus para tudo. Esta é a postura correcta para começar a partilhar Cristo com os outros.

Durante aquele tempo de introspecção, comecei a olhar para a minha vida e para o quão desesperadamente perdida estava, a tentar viver sem Cristo. A primeira coisa que fiz foi parar de viver à minha maneira e entregar a minha vida a Deus. Eu arrependi-me pela minha falta de fé, pela minha desobediência voluntária a Deus e confessei a minha desesperada necessidade por Jesus o meu Salvador.

Depois comecei a orar por mim própria, porque, sinceramente, tinha medo! Sentia-me tão inadequada para a grande tarefa de partilhar as Boas Novas. Tinha medo de não dizer as palavras certas ou de não me lembrar dos versículos que queria dizer. Tinha medo de ser rejeitada por pessoas que me achassem maluca ou estúpida por acreditar em Deus. Sentia que estava a incomodar as pessoas com o que tinha para dizer porque *pareciam* completamente felizes sem Deus. Pedi a Deus que me desse um coração cheio de amor pelas pessoas, como o d'Ele. Pedi a Deus que

A oração abre o nosso coração Àquele que pode fazer todas as coisas, e reconhece a nossa inadequação e dependência em Deus para tudo. Esta é a postura correcta para começar a partilhar Cristo com os outros.

me desse sabedoria. Pedi a Deus que enviasse o Espírito Santo à minha frente para preparar o coração das pessoas e mostrar-me oportunidades para lhes falar sobre a salvação. Pedi ao Espírito Santo que me capacitasse para falar com ousadia e para me dar as palavras certas antes de visitar as pessoas e que abrisse os seus corações para O receber. Depois, com medo, dei o passo de confiar em Deus e comecei a falar com as pessoas sobre o que Jesus fez pelo mundo para nos dar nova vida e libertar do pecado e da morte.

A primeira vez que Deus abriu a porta para eu partilhar a minha fé, eu não o fiz. Tinha planeado o que ia dizer quando me encontrasse com a minha amiga naquela tarde. O meu coração estava a mil à hora, mas enchi-me de medo e não disse nada. Naquela noite não consegui dormir. Não parava de pensar na minha amiga e no que devia ter dito. Senti-me um verdadeiro fracasso, como se fosse a cristã mais fraca da história mundial. Passei a noite a orar, a pedir a Deus que me ajudasse a ter coragem e que me desse as palavras certas. A primeira coisa que fiz na manhã seguinte foi ligar-lhe a dizer: "Tenho de me encontrar contigo hoje. Tinha uma coisa para te dizer ontem, mas não disse, e passei a noite acordada." Quando nos encontrámos, com a cara vermelha e o coração a palpitar tão rápido que pensei que ia desmaiar, partilhei as boas novas de Jesus com a minha amiga. Ela ouviu o que eu tinha a dizer com atenção e disse "obrigado", e foi isto. Sobrevivi! Apesar de sentir que foi a pior e mais estranha apresentação do evangelho de todos os tempos, foi emocionante saber que obedeci a Deus. Agradei ao meu Rei ao fazer a Sua vontade. Fiquei tão feliz porque a minha amiga ouviu a verdade de Deus, ainda que triste porque não aceitou Jesus de nenhuma forma aparente. De qualquer forma, sabia que agora ela tinha toda a informação necessária para tomar essa decisão.

Depois fiz uma lista de todas as pessoas que sabia que ainda não tinham um relacionamento com Deus e orei para que o Espírito Santo trabalhasse nos seus corações e mentes, para que pusesse pessoas nas suas vidas que partilhassem o Seu plano de salvação e para que eu fosse uma testemunha viva de Jesus através da minha forma de viver e das minhas palavras. Eu queria mesmo que todas as pessoas entrassem num relacionamento com o nosso amoroso Deus e se transformassem em novas criaturas. Queria que ouvissem o meu pastor e que se tornassem parte da família da igreja. Queria que lessem a Palavra de Deus e descobrissem quem é Jesus. A minha lista tem mudado ao longo dos anos; algumas pessoas já entraram num relacionamento com Cristo e pelas outras eu continuo a orar. Ao começar a orar por todas estas coisas e a partilhar as palavras que Deus punha no meu coração, Deus continuou a trabalhar e a mover-se nos seus corações, dando-lhes um novo entendimento d'Ele próprio ou trazendo-as ao ponto de aceitação. Enchia-me de medo quando partilhava a salvação de Cristo com os meus amigos, mas Deus ajudou-me a ultrapassar os meus medos ao mostrar-Se fiel e presente em cada situação. Deus deu-me coragem e, através do Seu Santo Espírito, moveu-Se na vida daquelas pessoas, trazendo entendimento e aceitação. Depois das primeiras experiências a partilhar o Evangelho, deixei de me sentir tão sozinha. Na verdade senti que Deus estava comigo, fortalecendo-me a cada vez e dando-me até palavras para dizer, que não eram minhas. Eu sei que Ele fará o mesmo consigo.

> **As pessoas precisam de tempo e de um lugar seguro para contemplarem e crescerem antes de se arriscarem a integrar uma igreja.**

A maioria das pessoas com quem falei sobre Jesus não estavam prontas para se envolverem na igreja, mas queriam saber mais sobre Deus e sobre o que a Bíblia dizia sobre Deus. Deus deu-me a ideia de começar um grupo de estudo com elas. Nunca tinha conduzido um estudo bíblico e tinha medo de criar mais confusão, portanto perguntei a um amigo se estaria disposto e ele aceitou. Mal sabia eu que Deus me estava a preparar para dar um passo de fé e conduzir o estudo eu própria. A pessoa que começou o estudo teve de desistir alguns meses depois. Eu sabia que os meus amigos estavam à vontade comigo e portanto, em fé, assumi a liderança do estudo bíblico. Nos dois anos seguintes estudámos alguns livros que nos ajudaram a aprender mais sobre Deus e sobre a Bíblia. Como resultado do tempo que investimos em Deus, dois dos meus queridos amigos aceitaram Jesus como seu Salvador e começaram a ir à igreja. Eis o que aprendi com esta experiência: as pessoas precisam de tempo e de um lugar seguro para contemplarem e crescerem antes de se arriscarem a integrar uma igreja. Algumas pessoas precisam de muito tempo antes de se entregarem a Jesus, e outras, infelizmente, nunca O farão. Ao partilhar as Boas Novas com os outros, lembre-se que a obediência a Deus é a medida do sucesso, não o número de pessoas que aceitam Cristo. Se mede o sucesso pelos números, é provável que se sinta desencorajado e desista, ou que se torne arrogante em vez de dar glória a Deus.

O querido leitor, líder de jovens, foi criado com capacidades únicas para servir a Deus, exclusivas a si. Pedir a Deus que especificamente lhe revele o Seu coração pelos perdidos vai motivá-lo a agir. Antes de partilhar a mensagem da salvação com alguém, deve pedir que Deus o capacite e lhe dê ousadia através do Espírito Santo, pedir-lhe que prepare o coração da pessoa perdida para que entenda a mensagem da graça de Deus. Peça a Deus que o use e à sua comunidade cristã para implementar os Seus planos e sonhos de partilhar o evangelho com os que estão à sua volta. Oswald Chambers escreveu: "A ideia não é trabalharmos para Deus, mas sermos tão leais a Ele que Ele possa fazer o Seu trabalho através de nós."[2]

No nosso contexto, tínhamos o desejo de alcançar adolescentes (e as suas famílias) que não conheciam Cristo ou que não pertenciam a uma igreja. Sabíamos que na nossa área (Canadá) as pessoas não entram na igreja a querer saber mais sobre Deus. Especulámos sobre a razão, concluindo que é intimidante entrar numa igreja quando não se tem qualquer contexto cristão ou quando não se acredita que a igreja pode até ter algumas respostas. Percebemos que teríamos de desenvolver relacionamentos com os adolescentes para podermos partilhar Jesus; a grande parte das actividades evangelísticas são feitas a frio e não nos dão esta oportunidade. Acreditamos que Deus nos deu o sonho de ter um centro de jovens. Um lugar neutro, fora das paredes da igreja, onde os nossos adolescentes pudessem levar os seus amigos não crentes sem que se sentissem desconfortáveis. Queríamos criar um espaço onde os líderes pudessem ficar a conhecer os adolescentes passando algum tempo com eles num lugar divertido com opções intencionalmente não programadas. Isto permitiria aos líderes focarem as suas energias no desenvolvimento de relacionamentos sem se preocuparem com o programa. À medida que a comunidade de adolescentes se relacionava com os líderes, passaram a

Sem Deus e sem oração não teríamos qualquer poder para mudar a vida de ninguém, mas Deus fez o que nós não podemos.

confiar em nós e partilhar sobre as suas vidas connosco. Cada oportunidade era intencionalmente pensada para partilharmos a nossa fé em Cristo com eles. Os adolescentes cristãos e os líderes do grupo tentavam ser modelos de fé através das interacções e expectativas. Partilhámos a Palavra de Deus, a sabedoria e respostas a situações do dia a dia que os adolescentes nos traziam. Pela graça de Deus, alguns destes adolescentes entregaram a sua vida a Jesus. Alguns estão indecisos mas continuam à procura e outros desistiram, mas com as sementes da verdade de Deus plantadas nos seus corações. Esperamos que um dia Deus dê fruto através dessas sementes.

Já nos perguntámos várias vezes: E se não tivéssemos começado o centro de jovens? Pensamos nas centenas de adolescentes com quem já partilhámos o amor de Jesus, de quem cuidámos e com quem já fomos igreja. Adolescentes que, de outra forma, talvez nunca teriam ouvido a verdade. Temos o centro há já 8 anos e quase parece um lugar vulgar, mas não é. É um milagre que Deus está a fazer nas vidas dos jovens e das suas famílias, e nas nossas vidas. Não tenha dúvidas, *nada* disto teria acontecido sem oração e sem a fidelidade de Deus a trabalhar através da nossa obediência em partilhar Cristo com os perdidos. Ele deu-nos a coragem, a sabedoria e os recursos para pôr a ideia em prática. Ele trouxe adolescentes ao centro de jovens de várias formas. Quando orámos para que os jovens experimentassem a chamada do Espírito Santo para a fé em Deus, Deus respondeu às nossas orações de várias formas. Sem Deus e sem oração não teríamos qualquer poder para mudar a vida de ninguém, mas Deus fez o que nós não podemos.

Junte-se a Outros

Deus nunca quis que fizéssemos isto sozinhos. Ao começar, certifique-se que tem o apoio e oração da sua igreja e junte-se a outros crentes apaixonados pelo evangelismo. Se nunca partilhou o Evangelho, encontre outros crentes que o saibam fazer, aprenda e pratique com eles. Quando comecei a partilhar a minha fé nunca tinha visto ninguém fazê-lo. Ao ler a Palavra de Deus, tornou-se evidente que, enquanto seguidores de Cristo, temos de partilhar as Boas Novas, e senti que devia tentar tal como a Palavra de Deus ordena. Comecei a orar e a partilhar o que sabia. Mais tarde, numa conferência, fiz um curso de evangelismo com um senhor chamado Cory McKenna. Ele ensinou-nos a partilhar a nossa fé e depois levou-nos para a rua e exemplificou aquilo que ele e a sua equipa fazem. Depois de orarmos e pedirmos a Deus que nos usasse e protegesse, deu-nos a oportunidade de partilharmos o que tínhamos aprendido com os transeuntes. Também tínhamos uma equipa de oração no edifício da conferência a orar por nós durante todo o tempo de ministério na rua. Quer vá a uma conferência ou leia livros ou veja vídeos sobre evangelismo, como diz a Nike, Just do it! (Faça-o!) É importante praticar o evangelismo. Esta prática pode não nos tornar perfeitos, mas torna o processo de partilhar sem medo e sem resistência pessoal cada vez mais fácil. Isto acontece ao experimentarmos o Espírito de Deus a trabalhar através de nós e a libertar as pessoas com quem interagimos.

Lembre-se, há muitos métodos diferentes para partilhar a Sua mensagem. Não há duas pessoas que funcionem exactamente da mesma forma. Ao encontrar a sua voz, não tenha medo de começar numa escala pequena, o importante é que comece. Gosto muito deste versículo: "Porque quem despreza o dia das coisas pequenas? Pois esse se alegrará, vendo o prumo na mão de Zorobabel; são os sete olhos do Senhor, que discorrem por toda a terra." (Zacarias 4:10) Pode juntar-se a outras pessoas que já estejam a trabalhar para alcançar os perdidos na sua área. Se não há ninguém a fazê-lo, ore para que Deus o dirija e peça a Deus que lhe mostre como começar. Peça a Deus que envie pessoas que O amem e que tenham o desejo de alcançar os perdidos. "Rogai, pois, ao Senhor da seara que mande ceifeiros para a sua seara." (Mateus 9:38) Depois de orar, dê o passo de fé e partilhe Cristo com alguém. Veja como Deus trabalha através de si quando é obediente. Tal como no nosso centro de jovens, nunca sabemos o que podemos alcançar em Deus até começarmos.

Peça a outros que orem por si e por aqueles a quem está a evangelizar. Antes de começarmos o centro de jovens, pedimos à nossa igreja que orasse para que Deus nos usasse, e a este lugar, para trazer pessoas para Cristo. À medida que os jovens começaram a vir, demos uma lista com os nomes deles à igreja para que orassem por cada um. Esta é uma das formas de nos juntarmos a outros na obra de Deus. O evangelista é capacitado pelo esforço do povo de Deus em oração para que Deus aja e faça o que nós não podemos. Os que oram fazem parte do trabalho evangelístico ao clamarem a Deus pelas vidas dos que ainda estão perdidos. Lembre-se, não está sozinho. Deus, que o chamou e convidou a fazer parte da Sua obra, está consigo. Quem se juntar a si em oração estará a trabalhar por si e por todos aqueles com quem partilhar o evangelho no domínio espiritual.

Comprometa-se com a Obediência

Quando partilhamos o Evangelho, às vezes olhamos para o número de pessoas que receberam Cristo como um indicador de sucesso. Contudo o nosso sucesso é medido pela nossa obediência a Deus.

Partilhar as Boas Novas com uma só pessoa tem um valor infinito. O sucesso é partilhar as Boas Novas, independentemente se a pessoa as aceitou ou não. Foi fiel. Obedeceu a Cristo. Plantou a semente. O resto está nas mãos da própria pessoa e do Espírito Santo. Há mais alegria no céu pelo pecador que se arrependeu ... do que pelos 99 crentes que já acreditam. O coração de Deus e, portanto, os nossos corações, deviam estar à procura daquele pecador orando, partilhando e discipulando. O nosso foco não deve ser o número de pessoas que frequentam o centro ou a igreja, mas fazer aquilo que Deus nos pede que façamos. Cristo vai construir a Sua igreja. Atrairá homens e mulheres e usar-nos-á nessa tarefa. Nós, enquanto cristãos, somos os instrumentos que Deus usa para cumprir a Sua vontade na terra. Não são apenas chamados a partilhar as Boas Novas e a discipular pessoas os pastores e os teólogos. São todos os que se arrependeram e se voltaram para Deus. Somos chamados a fazer parte da Sua missão de salvar os perdidos. Deus vai capacitar-nos para fazer a Sua vontade. "Temos, porém, esse tesouro em vasos de barro, para que a excelência do poder seja de Deus e não de nós." (2 Coríntios 4:7)

Se habita n'Ele, Deus vai levá-lo onde Ele quer que vá, às pessoas que Ele quer alcançar, da melhor forma para a sua comunidade.

Daniel Latu

Daniel Latu é o coordenador de campo dos jovens da Melanésia e Pacífico Sul e pastor em Suva, nas Ilhas Fiji. Entusiasma-se com o ministério de jovens por ver o propósito de Deus a ser vivido na geração seguinte. Costuma chamar aos jovens o "mar dos grandes do Reino". Para Daniel, o evangelismo é importante porque todos somos importantes para Deus de igual forma.

Nas Filipinas — em Metro Manila, mais precisamente — há um ministério de *motocross* promissor com encontros semanais. É um espaço aberto com pistas de *motocross*, que atraem entusiastas de motas e desportos radicais e as pessoas que passam na rua. Nas pistas, os motoqueiros (vestidos a rigor) fazem acrobacias inacreditáveis de um lado para o outro em competição saudável, mas a parte mais interessante, é que tudo isto faz parte do culto de Domingo. Sim, leu bem. E como em tantos outros cultos toda a família está presente, a Palavra é pregada, ora-se pelas pessoas e há um grupo de estudo bíblico contínuo, entre outras actividades.

Este é o ministério que Deus plantou no coração do pastor Sam Tamayo, um líder-servo, dinâmico, da Igreja do Nazareno e mentor de muitos jovens. Quando visitei as Filipinas pela primeira vez em Outubro de 2013, tive o prazer de conhecer o pastor Sam e o seu parceiro no ministério, o pastor Jordan Escusa. Logo após o culto de jovens fomos comer um hambúrguer e conversar sobre o ministério.

Eles contaram-me, apaixonadamente, como surgiu este ministério de *motocross*; desde a convicção inicial, aos passos de fé para chegar às pessoas, aos desafios de todos os tamanhos e feitios — simultaneamente reconhecendo o crescimento que lhes seguia. Lembro-me de me admirar com duas coisas em particular. Primeiro, o fenómeno e a natureza inspiradora de Deus e segundo, a fé e a confiança que o pastor Sam colocou em Deus e o novo movimento que Deus fez nascer nele.

Se confiarmos em Deus e dermos os passos que Ele delineou para nós e *deixarmos Deus ser Deus em todo o processo*, é incrível o que o Senhor fará através das nossas vidas nas tarefas que nos dá. Afinal de contas, Ele está no controlo.

Falar sobre esta história, ou de outras como esta, é lidar com a realidade subjacente do que acontece quando somos chamados para ministrar a indivíduos de grupos que não conhecemos. Emoções de alegria, relutância e insegurança podem sobrecarregar-nos quando somos chamados para tal tarefa. A maioria das vezes ficamos admirados com os resultados ou com os frutos de ministérios que vão onde as pessoas estão. Os resultados são óptimos e devemos celebrá-los, mas também temos de reconhecer e apreciar a fase inicial. Quando quase não temos apoio, os recursos são limitados, mas carregamos esta convicção de que Deus quer que iniciemos algo completamente *fora da nossa zona de conforto.*

A relutância, a insegurança, a necessidade de sair da zona de conforto; terá de lidar com todas estas emoções, com o seu grupo de jovens, antes de dar o passo de ir onde estão as pessoas. Quando o medo ameaça travá-lo, pode ajudar procurar um melhor entendimento do que é a comunidade. Largue o telemóvel e olhe para a sua comunidade. Olhe para o mundo em que vivemos. Quando vemos as necessidades dos outros, e confiamos que o nosso trabalho vai fazer a diferença, os nossos medos, inseguranças e desconforto deixam de ter tanta importância.

Oro para que saibamos reconciliar as nossas lutas interiores com as realidades à nossa volta e que decidamos fazer a diferença. A JNI, um ministério em crescimento, acredita que somos chamados a uma vida dinâmica em Cristo. Devemos viver na expectativa de que Deus fará grandes coisas; coisas que nem nós nem os nossos grupos de jovens consideram possível. Portanto, a questão é: está pronto e disposto a deixar Deus trabalhar através da sua vida? Está disposto a seguir Deus até onde as pessoas estão e fomentar relacionamentos genuínos com elas?

Dado que a audiência é vasta, o propósito deste capítulo não é dizer-lhe como fazer evangelismo relacional. Seja qual for a parte do mundo em que se encontra, vou deixá-lo fazer essa descoberta por si mesmo. Pelo contrário, o objectivo é dar-lhe um entendimento do que é o evangelismo relacional e o que o torna um método único e eficaz. Vamos explorar princípios bíblicos que não só dão voz ao evangelismo relacional como são exemplos práticos aplicáveis em todos os contextos. Considere este capítulo como uma rampa de lançamento que o ajudará a levantar voo na sua jornada de evangelismo relacional. Independentemente do quão longe irá — *alegre-se em Deus.* Garanto-lhe que aprenderá e descobrirá tantas outras coisas na sua jornada com Ele, que nunca aprenderia numa sala de aula ou num livro.

Chamados Para Este Tempo

Somos unicamente dotados por Deus para servir a nossa geração no tempo em que vivemos. A superintendente geral, Dra. Carla Sunberg, acertou na *mouche* quando disse:

> "Para a sobrevivência da igreja, precisamos desesperadamente dos jovens. Precisamos da sua paixão, do seu entusiasmo e da sua visão para o futuro."

Ela está, sem qualquer dúvida, correcta. Não é tanto o sermos jovens — embora isso seja importante — é mais profundo do que isso; Deus depositou em nós capacidades em bruto que pode usar para criar formas novas e mais criativas de ganhar os perdidos, edificar a igreja e glorificar o Seu nome.

Quando Vai — Lições Intemporais do Passado

A história seguinte é um modelo da paixão e entusiasmo de um jovem com uma visão para o futuro, que se aventura em fé para cumprir essa visão com pouco apoio. É a história de alguém extremamente comprometido a ir e a conhecer as pessoas que Deus o chamou a servir.

Nascido em 1882, Harmon F. Schmelzenbach cresceu no estado do Texas, nos EUA. Um indivíduo único, não tinha qualquer ideia que a sua influência viria a chegar tão longe do estado onde cresceu. Harmon teve uma infância difícil, com bastantes provações. Aos 12 anos perdeu ambos os pais, foi acolhido por uma família e forçado a trabalhar. Na sua jornada, encontrou o Senhor Jesus e desenvolveu um relacionamento íntimo com Ele. Com o passar do tempo, Harmon sentiu o toque de Deus (chamada, se preferir) para desenvolver missões cristãs em África. Numa altura em que o cristianismo era ainda impopular naquela parte do mundo. Era uma tarefa colossal, sem dúvida, mas firme na chamada de Deus Harmon, com os seus vinte e poucos anos, rumou a 18 de Junho de 1907 para Port Elizabeth no que é agora a África do Sul.

Na sua essência, isto é evangelismo relacional. É ir para junto dos indivíduos ou comunidades que Deus quer influenciar, através de si, para a Sua glória.

O que é extraordinário é que Harmon saiu da sua zona de conforto com toda a convicção e pouquíssima ajuda. Tal como Abraão, ele sentiu que aquele era o momento de avançar e confiou em Deus ao dar o primeiro passo de fé.

Activo e apaixonado, Harmon levou muitos a conhecer o Senhor Jesus Cristo. Acabaria por assentar com a sua esposa, Lula, no reino da Suazilândia, ministrando àquele povo. Apesar dos desafios, Harmon fez todos os esforços possíveis para conhecer as pessoas que Deus o chamou para servir. A sua prioridade era estabelecer contacto com os não alcançados e aprender a sua língua para melhor comunicar com eles. Esforçou-se para aprender a cultura da Suazilândia e o seu modo de vida. Tudo isto debaixo de ameaças de morte daqueles que se lhe opunham. Deus transformou vidas através dos relacionamentos e comunidades que Harmon desenvolveu. Os guerreiros que outrora eram chamados para o matar, eram agora amigos dele; uma rainha que recusa sequer ponderar em trabalhar com um branco, permitiu que Harmon construísse uma igreja no seu território.

Harmon não foi a única pessoa que Deus chamou para servir em África. Muitos homens e mulheres, com histórias como as de Harmon, contribuíram para o trabalho da igreja naquele lugar. Hoje, a Igreja do Nazareno da região de África é a que mais cresce na nossa denominação.

É de notar que os esforços como os de Harmon, são o pano de fundo de muita fé em Deus, trabalho árduo e muito amor.

Na sua essência, isto é evangelismo relacional. É ir para junto dos indivíduos ou comunidades que Deus quer influenciar, através de si, para a Sua glória, para construir relacionamentos e mostrar genuíno interesse para com eles. É diferente das famosas campanhas evangelísticas ao ar livre, dos fins de semana intensivos ou dos cultos de avivamento. *Leva tempo*, requer um grande esforço e compromisso total. É absolutamente fascinante, mas o evangelismo relacional apresenta os seus próprios desafios — e, honestamente, terá muitos — mas não se deixe desanimar, porque Deus está consigo na jornada.

Todos os discípulos de Cristo devem saber que a Grande Comissão (Mateus 28:18-20) não é opção. Quando vivemos esta ordenança de Cristo, expressamos o coração compassivo de Deus.

Tal como para aqueles que viveram este legado de Deus, é nosso privilégio continuar esta tradição do Reino. Nem todos seremos chamados para missões internacionais ou para começar um ministério de *motocross*. Para alguns, Deus pode apenas chamar-nos a atravessar a rua e falar com o nosso vizinho, ou a frequentar a comunidade de adolescentes que passam as tardes no parque desportivo. Talvez as oportunidades apareçam através de um amigo da escola, um colega, um parente, um clube de livros, um clube desportivo, amigos em comum num centro de jogos ou agricultores com quem passa o tempo nos campos, pastores ou, como o apóstolo Pedro, pescadores — *as oportunidades de alcançar pessoas são abundantes.*

Seja sensível à orientação do Espírito Santo na sua vida. Deus enviou Harmon para África, e hoje, mais do que nunca, Ele chama-nos para o mundo.

O Mundo Escuro

Quer O aceite ou não, o mundo precisa de Jesus.

Onde quer que estejamos, é escusado dizer que o mundo em que vivemos precisa da salvação, e não apenas a salvação espiritual. A maneira como as nossas sociedades estão a evoluir — seja política ou economicamente ou em termos de saúde, entre outras coisas — traz pouca ou nenhuma esperança aos mais afectados. Cada vez mais pessoas contemplam se o resultado será o melhor. Este sentimento de urgência para saber qual será o resultado é criado pelas inseguranças que brotam à nossa volta.

Quando ouvimos os telejornais, ou temos alguma consciência do que se passa na nossa comunidade, ou pesquisamos sobre as notícias do mundo, não somos motivados e podemos até ficar bastante desanimados.

Sabemos que estes problemas afectam a percepção e esperança de muitos relativamente a uma vida melhor e à sua comunidade. Onde moro, há uma nostalgia generalizada quando falamos sobre a vida — alguns são reminiscentes no passado e concluem que estes já não são os "bons velhos tempos".

Esperança na Escuridão

Realidades à parte, nós podemos fazer a diferença a nível mundial. O nosso campo de colheita é o mundo inteiro. É uma loucura e sim, às vezes extremamente exagerado, mas é o nosso campo de colheita. Que o Senhor arda em nós uma paixão activa por ver o mundo salvo. Como dizia João Wesley, "Olho para o mundo como se fosse a minha paróquia".

Virar a cara às necessidades à nossa volta não resolve nada. Pelo contrário, as necessidades são apenas oportunidades para propagar o Evangelho de Jesus Cristo. É a maneira de ser de Cristo, é a cultura do Seu Reino e é o que a série SEJA, FAÇA e VÁ ensina.

Alguns podem discordar, mas o evangelismo, relacional ou não, é para todos. A menos que sejamos eremitas, estamos em contacto diário com várias pessoas. Todos os discípulos de Cristo devem saber que a Grande Comissão (Mateus 28:18-20) não é opção. Quando vivemos esta ordenança de Cristo, expressamos o coração compassivo de Deus. Oro para que se envolva. O nosso líder pioneiro, Dr. Phineas F. Bresee, resumiu o assunto desta forma: "Somos devedores a todos os homens, de lhes dar o Evangelho na mesma medida em que o recebemos."

Isto inclui ir até onde estão as pessoas, mas antes de irmos, temos de alinhar os nossos corações, mentes e acções em sete pontos essenciais. Estes são cruciais, independentemente de quão relacional é o evangelismo no seu contexto.

Vamos Por Partes

1. Apesar dos exemplos dados anteriormente, Jesus Cristo é o nosso único modelo. Não há nenhum evangelista relacional tão bem sucedido quanto Ele. Os princípios que usou ainda são relevantes. Para que seja eficaz, o evangelismo relacional deve ser um estilo de vida e a melhor forma de o adoptarmos é desejarmos ser mais e mais semelhantes a Cristo.

2. Não podemos fazer a obra de Deus sem Deus. Tal como Jesus, precisamos de ter um relacionamento diário, íntimo e funcional com Deus. Se passarmos à frente nesta parte, vamos falhar. Recebemos o Espírito Santo prometido e devemos estar em sintonia com Ele todos os dias. O relacionamento que temos com Deus ajuda-nos a entender quem somos em Cristo. Afinal, não podemos dar esperança às pessoas se não a temos verdadeiramente nas nossas vidas.

3. Tenha um espírito de oração pelas pessoas, pelas oportunidades e pelos grupos com quem Deus quer que se aproxime. Deus conhece cada pessoa que afectamos e cada comunidade que impactamos, e sabe como melhor alcançá-los e ajudar-nos a estabelecer contacto. Ele já tem uma estratégia delineada.

4. Rodeie-se de pessoas que tenham a mesma paixão, ou mais ainda, que pensem da mesma forma e que sejam mais sábias no evangelismo relacional. Não queremos ser os mais sábios do grupo. Ore para que Deus o ponha em contacto com essas pessoas que desafiam e entendem e

são modelos do que é viver uma vida semelhante a Cristo, que o vão ajudar e responsabilizar. Há um grande poder em parcerias.

5. Estar disposto a ser vulnerável e desejar ter um espírito ensinável. Deus vai ampliar a nossa criatividade e renovar a nossa mente nesse processo. Deus pode querer que comecemos um novo projecto, que nunca foi desenvolvido, junto de determinado grupo de pessoas.

6. Esforce-se para ser íntegro e uma pessoa em quem se pode confiar. Se as pessoas não podem confiar em nós, não somos credíveis.

7. Em qualquer relacionamento, o compromisso é crucial, indica intencionalidade da nossa parte. Como o evangelismo relacional é feito a partir de relacionamentos, o sucesso do nosso evangelismo está dependente de quão comprometidos estamos com esses relacionamentos. Compromisso não significa que façamos tudo bem em todos os momentos. Vamos falhar com toda a certeza, mas devemos fazer o que for necessário para corrigir o problema e avançar. Não desista. Continue a tentar. Prossiga. Isto é compromisso. Lembre-se, foi o compromisso de Jesus que levou à nossa redenção.

Ir Onde as Pessoas Estão

A menos que Deus nos mostre o contrário, não temos de ir longe para impactar ou ganhar alguém para o Reino. A estratégia mais eficaz para o evangelismo relacional é deixar que Deus use a nossa rotina diária como rampa de lançamento. Não importa se estamos no ensino secundário ou na universidade, se trabalhamos em casa ou se vamos para o escritório, se trabalhamos no campo, num navio, num avião, etc.; onde quer que estejamos, Deus pode usar o nosso dia a dia rotineiro para iniciar evangelismo relacional.

A chave do evangelismo relacional é a palavra relacional, que significa apenas *estar em contacto com outras pessoas*. Portanto, quando vamos, temos de estar atentos e em espírito de oração em todas as nossas interacções.

Aqui está um exemplo de Cristo:

Devemos prestar especial atenção à parte em que Jesus chamou os Seus primeiros discípulos. Tem todos os ingredientes do evangelismo relacional. Pode ler a narrativa em Lucas 5:1-11.

Na história, Cristo entra na comunidade de pescadores da Galileia. O Seu ministério estava ainda no início e estava ali para ministrar, mas também para chamar os Seus discípulos. Antes de Se encontrar com eles, Jesus tinha estado a curar os enfermos e a expulsar demónios. Eis a questão: ao ir, Cristo serviu, fez-se uma bênção. Sempre que encontrava uma necessidade, supria-a. Este tornou-se o padrão de vida de Jesus, culminando na Sua morte e ressurreição por ter salvo as nossas vidas.

Na verdade, depois de pregar no lago Gennesaret, Cristo voltou-Se para Pedro e antes de o chamar e aos outros a segui-Lo, reconheceu que estavam a ter dificuldades na pesca. Estes homens tinham famílias que dependiam de si e tinham pescado a noite toda sem qualquer sucesso. Assim que identificou a necessidade providenciou o que precisavam.

Vale a pena reconhecer as necessidades das pessoas à nossa volta e, em oração, considerar a melhor forma de as ajudarmos. É um método eficaz que nos leva a conversas importantes com as pessoas a quem suprimos as necessidades. Temos de nos ver como meios que Deus usa para abençoar o "nosso mundo", as pessoas e as comunidades à nossa volta. Com a mentalidade de sermos semelhantes a Cristo, vamos reconhecer as necessidades e orar para que nos encorajem a agir.

Se um estudante tem facilidade em determinada disciplina e vê um colega seu com dificuldades, isto é uma necessidade. Nem todas as necessidades são monetárias. Às vezes as pessoas só precisam de alguém que as oiça e que fale com elas, ou ore com elas, ou que lhes leve as compras. Estes pequenos gestos são importantes porque nos permitem estabelecer contacto com as pessoas.

Claro que haverá quem rejeite a nossa oferta. É de se esperar, mas não é o nosso foco. Não devemos deixar que os obstáculos nos parem.

Quando nos dispusermos a ser uma bênção para quem está à nossa volta, vamos acabar por perceber com quem é que devemos desenvolver um relacionamento mais profundo. Durante a Assembleia Geral de 2013, conheci membros do ministério *Reach 77*, baseado em Chicago, EUA, que visa influenciar os 77 bairros da cidade. Curiosamente, no seu *stand*, montaram uma mesa com pratos, copos e talheres. O grupo percebeu que partilhar uma refeição é uma forma eficaz de criar interacção entre as pessoas. A mesa era o espaço em comum onde se iniciavam as conversas e, no processo de abençoar as pessoas com uma refeição, alguns acabavam por querer saber mais sobre oração e até a desejar que lhes fosse estendida tal cortesia. Era este o sinal de que os anfitriões estavam à espera para aprofundar o relacionamento e falar sobre Jesus.

Jesus curou e abençoou muitas pessoas, mas foi nos doze discípulos que concentrou a Sua atenção. Muito do seu tempo, esforço, ensino e energia foram investidos neles. Para alguns, o evangelismo relacional pode começar com um único encontro. Que, por si só, é muito. Lembre-se, se formos fiéis com pouco, Deus vai confiar-nos com muito.

Encarnação — Viver a Vida

À medida que estes relacionamentos se desenvolvem, é importante que vivamos com eles. Ao longo do tempo vamos acabar por nos envolvermos nas suas vidas e eles nas nossas — o bom, o mau e o feio — isto faz parte de viver a vida. Temos de entender as pessoas com quem estamos a construir relacionamentos e não apressar o processo. Deixe-o seguir o seu curso. Convide-os para o seu grupo de jovens e esteja disposto a ser benéfico nas suas vidas quando o convite for recíproco.

Descubram o Senhor juntos.

Haverá partes deste relacionamento onde a mentoria e o discipulado se aprofundam, seja connosco ou com alguém de confiança com quem se sentem confortáveis. Considere isto e esteja preparado. Jesus passou três anos a conhecer os discípulos e vice-versa. Nessa jornada, os discípulos cresceram na sua fé, entendimento e compromisso para com Deus. Isso não os impediu de cometerem erros ou agirem mal em alguns momentos.

Ao vivermos a vida com estes indivíduos, temos de entender que, tal como nós, eles também cometem erros. Evite ser crítico e saiba a diferença entre condenação e edificação. Neste processo com um novo crente ou alguém que ainda está à procura, devemos procurar ter uma postura graciosa. Podemos pedir conselhos a um mentor, é para isso que eles existem. Tenha em mente, que Deus é o único que pode transformar uma vida.

Neste processo com um novo crente ou alguém que ainda está à procura, devemos procurar ter uma postura graciosa.

Com o tempo vai descobrir que este relacionamento também trará impacto e transformação à sua vida. O evangelismo relacional leva o seu tempo, mas traz crescimento a todos os envolvidos.

Amar, Esperar e Valorizar

O motivo subjacente a todas estas histórias, ministérios, directrizes e estratégias é mostrar aos nossos novos amigos que são verdadeiramente amados, que há esperança neste mundo e que têm valor para Deus. As suas vidas são tão importantes quanto as nossas.

Afinal, quando Deus, o maior evangelista relacional, veio ao mundo, veio mostrar o Seu amor, dar-nos esperança e mostrar-nos o nosso valor. O sacrifício do Rei dos Reis vale para todos nós e todos os esforços para trazer uma nova alma ao Reino valem a pena. Todos são importantes.

Que Deus o use para fazer a diferença na vida de alguém e ser uma bênção no seu mundo. Por último, e o mais importante, que toda a glória e crédito sejam dados a Deus.

CAPÍTULO 4

Evangelismo de Alcance: Abrir as Portas para Partilhar o Amor de Deus

Christiano Malta

Christiano Malta é o líder da JNI da região América Sul e pastor em Campinas, Brasil. Gosta do ministério de jovens pela transformação e mudanças no estilo de vida que vê nos jovens. Considera que o evangelismo é o centro da vida cristã e acredita que a Grande Comissão deve correr nas veias dos cristãos.

Imagine enviar 1500 voluntários de dez países diferentes a 13 pontos chave de uma cidade. Foi o que fizemos em Outubro de 2016, com os líderes da Conferência *ALTITUD'16* da JNI América Sul. Fizemos uma parceria com os ministérios de compaixão nazarenos para mostrar às nossas comunidades que o amor de Deus derruba as barreiras das classes sociais e nacionalidades. Chamámos-lhe o Dia da Colheita e partilhámos o amor de Deus com quase 2700 pessoas de todas as idades.

A ideia do "Dia da Colheita" surgiu da passagem em João 4:31-38, quando Jesus diz aos Seus discípulos para abrirem os olhos, porque os campos estão prontos para a colheita. O contexto mais abrangente desta passagem relaciona-se com uma conversa que Jesus teve com os Seus discípulos, em que estes O convidam para comer e Ele responde que o Seu alimento é um que eles não conhecem. Jesus esclarece ainda, dizendo que o seu alimento é fazer a vontade daquele que O enviou para terminar o Seu trabalho.

Dois capítulos depois, temos uma explicação mais clara do que é a obra de Jesus, quando Ele diz à multidão: "Porque eu desci do céu não para fazer a minha vontade, mas a vontade daquele que me enviou. E a vontade do Pai, que me enviou, é esta: que nenhum de todos aqueles que me deu se perca, mas que o ressuscite no último Dia. Porquanto a vontade daquele que me enviou é esta: que todo aquele que vê o Filho e crê nele tenha a vida eterna; e eu o ressuscitarei no último Dia." (João 6:38-40)

Nesta duas passagens Jesus enfatiza a importância da completa obediência à vontade do Pai. Comparando a vontade do Pai ao alimento, Jesus declara a qualidade sustentadora da obediência a Deus. A instrução de Jesus aos discípulos é que abram os olhos e vejam os campos! A expressão "estão prontas para a colheita" é um apelo para que reconheçam a urgência de partilhar o evangelho (João 4:35).

Oswald J. Smith disse, "Oh, meus amigos, estamos sobrecarregados com inúmeras actividades na igreja, quando a verdadeira obra da igreja, evangelizar o mundo e ganhar os perdidos, é quase inteiramente negligenciada."' Quando olhamos para o mundo, podemos ver os campos prontos. As pessoas estão a tentar encher o vazio das suas almas com coisas temporárias, mas no fundo revela a necessidade de Jesus nas suas vidas. Com os nossos olhos abertos e vendo a seara pronta para a colheita, criámos o Dia da Colheita.

O objectivo do Dia da Colheita era ter um impacto evangelístico. Queríamos ter um impacto social nas comunidades e bairros que visitámos, mas procurámos sempre oportunidades para partilhar as Boas Novas de Jesus. John Stott afirma que há uma parceria entre o evangelismo e a acção social, quando diz "a acção social é parceira do evangelismo. Enquanto parceiros, pertencem um ao outro apesar de serem distintos. Cada um caminha pelo seu próprio pé, mas sempre de mãos dadas. Nenhum é um meio para o outro, nem uma manifestação do outro. Porque cada um tem um fim em si mesmo. Ambos são expressões de um amor sincero."²

> **As pessoas estão a tentar encher o vazio das suas almas com coisas temporárias, mas no fundo revela a necessidade de Jesus nas suas vidas.**

Era fundamental mantermos esta parceria durante todo o processo de planeamento. Não podíamos expressar verdadeiramente o amor de Cristo se a nossa única motivação para ajudar alguém era fazê-los dizer a oração do pecador. Da mesma forma, não podíamos ajudar verdadeiramente alguém se não tivéssemos qualquer interesse em levá-los a conhecer o amor de Cristo. Portanto, com o evangelismo de um lado e a acção social do outro, considerámos vários elementos para organizar o Dia da Colheita. Vou focar-me nas considerações a nível de locais, finanças, projectos, data, preparação espiritual, logística e a ligação às igrejas locais. Apesar de, se organizar um evento idêntico, terem concretizações completamente diferentes, todos estes elementos devem ser considerados no planeamento.

Local

O primeiro passo para organizar um Dia de Colheita é pesquisar e considerar os vários locais que possam servir de base. Neste processo, é necessário considerar quatro pontos fundamentais: vulnerabilidade social, logística do local, visibilidade e proximidade a uma igreja local.

Vulnerabilidade social: "Refere-se à condição de fragilidade material ou moral de indivíduos ou grupos expostos aos riscos criados pelo contexto socio-económico. Está relacionada com o processo de exclusão social, discriminação e violação dos direitos destes grupos ou indivíduos, com base no seu salário, educação, saúde, localização geográfica, e outros."[3] Se tem o desejo de ter impacto social, deve identificar lugares que precisem de intervenção social. Considere os projectos que quer, ou pode, desenvolver, e como é que estes podem suprir as necessidades de cada local em consideração. Se puder fornecer cuidados básicos ou limpezas dentárias ou exames, procure lugares na sua zona em que o acesso a estes serviços seja limitado.

> **Quando fazemos projectos evangelísticos de alcance, devemos ter sempre em conta que é necessário haver seguimento.**

Logística do Local: É importante saber a lotação dos lugares que está a considerar. Assim será mais fácil decidir o número de voluntários, os tipos de projectos e o equipamento que precisa para os desenvolver. Por exemplo, com os nossos projectos, alguns locais tinham espaço suficiente para receber 80 voluntários, enquanto outros apenas 8. Verifique se há possibilidade de fazer refeições no local ou se é preciso trazê-las de fora. Isto pode determinar se um projecto dura um dia inteiro ou apenas meio dia. Quais são as opções de transporte? Qual é o equipamento disponível? (Mesas, cadeiras, etc.) Reunir todas estas informações logo no início vai ser uma grande ajuda para desenvolver um projecto específico para determinado local.

Visibilidade: É necessário ter um espaço aberto para a actividade principal do projecto. Deve ser de fácil acesso para os residentes; pode ser um parque, uma escola ou outro ponto de referência da comunidade. Será muito mais fácil convidar as pessoas para o seu evento se for num local que lhes é conhecido. Além disso, um lugar que seja bem visível vai chamar a atenção das pessoas durante o evento.

Proximidade da Igreja Local: Quando fazemos projectos evangelísticos de alcance, devemos ter sempre em conta que é necessário haver seguimento. O nosso alcance exige continuidade e isto só é possível através das igrejas locais da região. Se está a pensar num local longe de uma igreja, considere reunir-se com o seu superintendente distrital para saber se há planos de desenvolvimento naquela área. Tente perceber se o projecto que está a desenvolver se encaixa no trabalho de plantação de igrejas. De qualquer forma, deve haver um plano de seguimento e um pastor, ou um grupo de crentes, responsável por discipular e apoiar os novos crentes.

Finanças

O segundo passo na organização de um Dia da Colheita, é criar um orçamento. Identifique quais são as fontes de apoio financeiro para o evento. São levantamentos de oferta na igrejas locais de propósito para o evento? São empresários que estão dispostos a doar alguns materiais de apoio? Lembre-se que não é necessário um grande orçamento para organizar um Dia da Colheita. Se não tem fundos suficientes para grandes projectos, seja criativo e escolha projectos que não requerem um grande investimento financeiro. Desafie os seus jovens a ter ideias diferentes para angariar fundos. De qualquer forma, identifique quanto dinheiro tem para o projecto e divida-o entre os vários locais de forma intencional. O nosso orçamento baseou-se na nossa pesquisa e foi alocado conforme as necessidades. É bom rever o orçamento quando os projectos estiverem mais definidos para determinar se é preciso algum ajuste; mas completar o orçamento antes de decidir os projectos vai ajudá-lo a pensar em projectos que pode efectivamente concretizar.

Projectos

O terceiro passo é identificar os projectos que vão ser desenvolvidos em cada local. Junte-se aos seus jovens e líderes da igreja e sonhem sobre aquilo que pode ser feito. Incluam a informação reunida na pesquisa das vulnerabilidades sociais e logística para definir os tipos de projectos que podem ser úteis. A lista pode não ter limites, mas deixo algumas ideias que usámos no nosso Dia da Colheita, juntamente com uma breve descrição.

Arte de Rua: Este projecto centra-se sobre as diversas formas de arte que muitas vezes atraem os jovens; dança, teatro, *graffiti*, etc. Construa dois painéis largos com 1m de altura e 3 de comprimento. No local, os artistas de *graffitis* podem ir pintando o painel, enquanto as actividades de teatro e dança decorrem à sua volta. Escolha um tema central para que as várias actividades se complementem; pode escolher o amor de Deus, o perdão, a misericórdia, etc.

Plantar Árvores: Hoje em dia há muita preocupação em torno das questões ambientais. Ter mais árvores nos espaços urbanos é sempre benéfico. Consulte as autoridades locais para identificar o melhor sítio onde plantar novas árvores. Os voluntários podem trabalhar com pessoas qualificadas para que as árvores sejam plantadas correctamente. Uma plantação de árvores vai deixar a sua marca na cidade durante muitos anos.

Visitas de Hospital: Trabalhe com os hospitais locais para identificar as melhores actividades a desenvolver com os pacientes. Prepare as visitas fazendo um alinhamento das canções que vão cantar e tendo pessoas destacas e prontas a orar pelos/com os pacientes. Se possível, leve brinquedos para as crianças ou flores para os adultos. Acima de tudo, certifique-se de que conhece os protocolos do hospital para não gerar confusão nem interferir com o trabalho dos médicos e enfermeiros, ou estará a dar um mau testemunho.

Pequeno-almoço: Monte uma tenda junto a uma paragem de autocarro durante a hora de ponta. Entregue cafés ou outros produtos que achar adequados. Escreva mensagens nos copos ou procure outra forma de partilhar uma palavra de encorajamento e bênção com as pessoas que estão a ir para o trabalho. Certifique-se que tem voluntários suficientes para se revezarem caso alguém queira conversar um pouco.

Igreja na Rua: Faça um culto fora das quatro paredes da igreja. Escolha um espaço aberto e frequentado e leve um grupo para adorar o Senhor. Prepare um culto como na igreja, mas certifique-se que a mensagem é evangelística e amorosa e que há tempo para as pessoas responderem a esta mensagem.

Mega-Bazar: Convide a igreja a doar roupas e acessórios que já não utilizem, mas que estejam em bom estado. Há dois grupos que podem beneficiar deste tipo de actividades. Primeiro deve encontrar um local onde seja vantajoso para os moradores adquirir peças de roupa em segunda mão a preços baixos. O objectivo não é ganhar dinheiro, mas ajudar as pessoas a comprar itens que precisam por um preço acessível. Em segundo, procure uma organização social a quem possa doar o dinheiro angariado, e anuncie o seu nome durante o bazar.

Skate Parque: Envie os seus jovens para os seus grupos de interesse. Organize os que gostam de andar de skate para que interajam com outros jovens no parque. Inclua alguns membros no grupo que não andem de skate, para verem e distribuírem garrafas de água. Encontre uma forma de esclarecer que os que estão a andar de skate e os que estão a distribuir água fazem parte do mesmo grupo. Podem usar t-shirts da mesma cor, ou fazerem t-shirts com o logótipo do ministério.

Torneio de Futebol: Divida os voluntários entre equipas de árbitros, apoio à logística, inscrições, prémios e evangelismo. Faça um torneio com várias equipas e seja facilitador das actividades. Planeie ter música, MCs, entrevistas com jogadores e outras actividades divertidas que envolvam os participantes. Durante o dia, a equipa de evangelismo deve procurar oportunidades para partilhar as boas novas do evangelho com os participantes.

Culto num Lar de idosos: Organize um culto de adoração para os residentes de um lar de idosos. Fale com administração do lar para perceber qual a melhor altura para o fazer. Planeie o culto e inclua adoração, uma mensagem de encorajamento e um tempo para ouvir as suas histórias. Identifique as necessidades do lar e tente perceber se é possível fazer um donativo ou ajudar com alguma tarefa em particular.

Data

O quarto passo na organização de um Dia da Colheita é escolher a data e as horas para cada actividade. Escolha uma data estrategicamente. Nós optámos por um fim de semana, mas os feriados também são boas alturas para estes tipos de projectos. Certifique-se de que sabe de outras actividades que possam acontecer ao mesmo tempo e que impactem o mesmo tipo de pessoas com quem deseja estabelecer contacto.

Preparação Espiritual

Este é um elemento fundamental na preparação das actividades. Todas as actividades sugeridas são boas, mas só se tornam oportunidades para que hajam encontros com Deus se Deus abençoar o trabalho e se procurarmos a orientação do Espírito Santo em nós e através de nós. A preparação espiritual é um esforço intencional para organizar e preparar pessoas que intercedam pelo sucesso do projecto desde a fase de planeamento. Estas pessoas focam-se apenas na tarefa de interceder pelas actividades, pelas equipas, pelos voluntários, pelas pessoas que vão ouvir o Evangelho, pelas almas que vão ser alcançadas e pelos organizadores e administradores que estão envolvidos. Isto não é uma tarefa à parte para quem não se quer envolver tanto. Estas orações são cruciais para o sucesso de tudo o resto. Além dos tempos de oração previamente estabelecidos, convide todos os envolvidos nos projectos a participarem em vigílias de oração, jejuns, e noutros momentos de oração comunitária em preparação para o Dia da Colheita.

Planeamento Logístico

Uma vez finalizados os pontos principais, como as datas e os locais, orçamentos e projectos, o passo seguinte é começar a fazer o planeamento logístico. Deste passo resultará todo o evento portanto não tente fazer tudo sozinho! O número de pessoas na sua equipa deve ser proporcional à quantidade de projectos e actividades a decorrer no Dia da Colheita.

Não há uma lista de itens que possa incluir, porque os detalhes logísticos vão depender dos projectos que vai desenvolver. Mas posso partilhar categorias de coisas a ter em conta.

Instruções avançadas: Se as actividades precisam de ser ensaiadas, ou de roupa específica, ou de formação para os voluntários, pense em quando e como estas informações vão ser dadas.

Local de encontro: Estipule o lugar onde os voluntários se vão encontrar para receber as informações mencionadas no ponto anterior.

Transporte: Vai disponibilizar transporte para os voluntários chegarem aos vários locais de actividade?

Materiais: De que materiais vai precisar, como é que os vai adquirir e distribuir por cada projecto?

Apoio aos voluntários: Há casas de banho disponíveis nos vários locais? Vão precisar de água ou de *snacks*? Se sim, como é que serão distribuídos?

Apoio aos parceiros: Se um projecto envolve parceria com outros ministérios ou organizações, quais são as suas regras? Que regras devem ser comunicadas aos voluntários antecipadamente?

Apoio ao local: É preciso levar sacos de lixo, vassouras e pás, de forma a deixar o local como estava antes de chegar?

Nesta fase do planeamento é importante ter várias pessoas envolvidas. Tenha pelo menos um responsável por cada local. O responsável pode focar-se exclusivamente nas necessidades e desafios do local que lhe foi atribuído. Peça aos coordenadores de cada local que se juntem para discutirem os planos de cada um. Ouvir os planos de determinado local pode ajudar o coordenador de outro local a identificar uma necessidade da qual não se tinha apercebido.

Lembre-se, o tempo passado a discutir os detalhes e a logística pode parecer entediante e irrelevante, mas ter uma equipa organizada e bem preparada vai permitir que todos se mantenham focados no propósito das actividades, no Dia da Colheita, que é estar disponível para que as pessoas oiçam as Boas Novas e conheçam o amor de Deus.

Integração na Igreja Local

Como já mencionámos anteriormente, os locais devem ser escolhidos com base na proximidade a uma igreja. Os pastores ou representantes das igrejas locais devem fazer parte de todo o processo. Os líderes locais podem ajudá-lo a perceber se o seu projecto tem realmente alguma utilidade na sua comunidade e a estabelecer contacto com as pessoas da sua área.

Cada igreja local envolvida deve ter duas responsabilidades. Organizar um grupo de voluntários para dar apoio aos projectos do Dia da Colheita. É importante ter pessoas da igreja local no decorrer das actividades para que as pessoas conheçam as pessoas que vão estar na igreja onde se vão integrar. E desenvolver e providenciar um plano de seguimento para dar apoio, para manter o relacionamento e providenciar discipulado para aqueles que vierem a conhecer Jesus com Senhor e Salvador. O Dia da Colheita terá muito pouco impacto se só se pensar nas actividades daquele dia. É preciso que haja um plano sólido para ajudar os novos crentes a crescer e amadurecerem a sua fé. Isto será abordado mais profundamente na última parte deste capítulo.

Portanto, à medida que o Dia da Colheita se aproxima, é necessário encontrar-se directamente com a igreja local, pelo menos com uma semana de antecedência, para rever todos os detalhes em relação aos horários, actividades, evangelismo e plano de seguimento.

Missão do Dia da Colheita

Depois de ter tudo planeado, mantenha-se na expectativa de ver o mover sobrenatural de Deus no seu meio, na comunidade e na igreja local. O Dia da Colheita foi, para nós, um momento importantíssimo, porque vimos vidas serem salvas e pessoas serem impactadas pelo Evangelho.

Ao terminar este capítulo, deixo alguns pensamentos que deve ter em conta se planear uma destas campanhas de alcance evangelístico.

Contextualização: como disse no início do capítulo, nem todas as ideias aqui mencionadas serão adequadas à sua cultura; contextualize os seus projectos. Sonhe com maneiras pelas quais os seus jovens podem responder às necessidades dos que estão à sua volta. Pense criativamente em formas de partilhar o amor de Deus com as pessoas da sua cidade. Junte um grupo de pensadores e criativos ao seu grupo de jovens. Comece por listar as necessidades da sua cidade. A partir daí, comecem a discutir ideias de como responder a essas necessidades. Fomente o diálogo e pense de que maneiras é que poderia pôr um sorriso no rosto de um estranho. Mantenha os rostos dos seus vizinhos no seu pensamento durante esta fase de planeamento. Conheça a sua cidade e planeie para a sua cidade em específico.

Sensibilidade: todos os tipos de evangelismo devem ser feitos com sensibilidade para com o próximo. Isto é particularmente verdadeiro no evangelismo de alcance. Temos de estar conscientes que estas pessoas não nos conhecem, podem não saber absolutamente nada sobre Deus e sobre a igreja, ou podem ter sido

Esteja atento às formas como Deus já pode estar a trabalhar nas suas vidas e mostre-lhes como.

profundamente magoadas por alguém ou por uma instituição religiosa. É por isso que a preparação espiritual é importantíssima. Quando saímos para partilhar a luz de Deus com um mundo escuro, estamos a confrontar mais do que a falta de conhecimento. Assim, quando interagimos com aqueles que estamos a servir ou começamos uma conversa com alguém que foi atraído pelas actividades em curso, devemos ser sensíveis. Conheça-os. Pergunte-lhes sobre a sua história. Pergunte sobre as suas esperanças e lutas. Seja sensível à sua história e à orientação do Espírito Santo. Esteja atento às formas como Deus já pode estar a trabalhar nas suas vidas e mostre-lhes como. Este nível de sensibilidade comunica um interesse genuíno pela pessoa e é um reflexo do que Deus vê. O nosso objectivo é partilhar o amor de Deus, não ofender pessoas em nome de Jesus.

Seguimento: Já falei um pouco sobre isto anteriormente, mas este assunto merece mais atenção. O evangelismo de alcance é demasiadas vezes visto como um evento único. Há um plano para partilhar o Evangelho com as pessoas da comunidade e quando voltamos para a igreja termina a nossa parte. Não podemos fazer isto! A Grande Comissão diz, "Portanto, ide, ensinai todas as nações, baptizando-as em nome do Pai, e do Filho, e do Espírito

Santo, ensinando-as a guardar todas as coisas que eu vos tenho mandado; e eis que eu estou convosco todos os dias, até à consumação dos séculos." (Mateus 28:19-20) As instruções de Jesus são para ir e fazer discípulos, não ir e ajudar as pessoas a fazerem uma oração. A nossa responsabilidade para com determinado indivíduo não termina quando partilhamos o Evangelho, apenas começa. Esteja preparado para receber os contactos das pessoas que se salvam. Dê-lhes informações da igreja mais próxima, incluindo os dias de culto e os horários. Mostre-lhes como entrar em contacto com os líderes de um ministério em particular, quando chegarem à igreja. Certifique-se que sabem que estão convidados para os programas de discipulado da igreja. Faça-os saber que isto é apenas o início de uma longa caminhada com Cristo e que está comprometido em caminhar com eles.

CAPÍTULO 5

Evangelismo Criativo: Pensar Dentro da Caixa

Wouter van der Zeijden

Wouter van der Zeijden é pastor de jovens na Holanda. Wouter gosta de todos os aspectos do ministério de jovens. Gosta dos jogos, de boas perguntas, das amizades, das reflexões, de crescer, das piadas, das decisões e de nem sempre ter resposta para tudo.

A sério ... Falem com a minha mulher

O sol brilha e as árvores que vejo do meu escritório estão cobertas de neve. Pela primeira vez este inverno, o canal junto à minha casa tem uma fina camada de gelo. As ovelhas não se incomodam com o frio e passeiam-se como todos os dias. É a calma dos subúrbios de uma cidade grande na Holanda.

Observar a paisagem lá fora ajuda-me a relaxar. Assim que me sento, a grande questão volta à minha mente, onde tem estado desde que me pediram para escrever este capítulo sobre evangelismo: "porquê eu?"

Deviam conversar com a minha mulher sobre evangelismo. Ela é que tem facilidade em lidar com as pessoas, está sempre na conversa com estranhos no comboio, enquanto eu olho pela janela e observo a paisagem e me perco nos meus pensamentos. Sou um pouco tímido e não gosto de falar com estranhos. Diria que não sou o típico evangelista. Além disso, prefiro trabalhar nos bastidores — de preferência sozinho. Sem ninguém à minha volta. Apenas eu.

Mas tenho estado envolvido num projecto nos últimos três anos que me levou ao limite da minha zona de conforto. Tive de trabalhar com muita gente. O que não é, de todo, o meu estilo. Com o objectivo principal de evangelizar. Definitivamente não é meu estilo. Mas quem é que teve a ideia do projecto? Bom, fui mesmo eu.

Como funciona a Holanda

Permita-me partilhar um pouco sobre o país onde vivo, para aqueles que não o conhecem; há mais na Holanda além de moinhos de vento, queijo e drogas legais. A Holanda é um país tipicamente pós-moderno, pós-cristianismo, tal como a maioria dos países europeus.

A maioria das pessoas tem uma atitude negativa no que diz respeito a eventos evangelísticos ou qualquer outro tipo de evangelismo. Não há problema nenhum em ser cristão, desde que seja a sua fé pessoal e não ande a tentar convencer os outros a acreditar.

Eu tenho 37 anos e fui educado na Igreja do Nazareno. Amo a igreja. Tenho estado envolvido em várias actividades de jovens toda a minha vida. Há uns anos que sou o pastor de jovens distrital. Todos os meus amigos, colegas e vizinhos me conhecem como um cristão apaixonado, mas acho que, mesmo assim, trabalhar neste projecto foi quase como sair do armário. "Olá pessoal, somos cristãos, espero que não se importem."

Pense dentro da caixa

E então, que projecto é este? Antes de lhe contar tudo, quero partilhar como começou. O meu objectivo neste capítulo não é informá-lo de mais um projecto desenvolvido num país longínquo, mas inspirá-lo a pensar fora da caixa e a começar o seu próprio projecto. A chave do nosso sucesso não foi ser uma ideia brilhante, mas a perfeição com que se encaixa no ADN da nossa igreja.

Não conheço a sua igreja nem saberia descrever o seu ADN. Sei que a minha igreja é consideravelmente grande, particularmente para o que é normal na Europa; temos 800 membros e uma grande audiência nos cultos e estudos bíblicos *online*. Portanto, temos um grande número de pessoas interessadas na transmissão de conteúdos *online*. Temos um aparato de material técnico pendurado no tecto da igreja e a congregação está habituada a ser filmada durante o culto.

Durante um dos cultos, o nosso pastor desafiou-nos a envolvermo-nos no trabalho com os jovens e eu senti-me tocado pela sua pregação. Sentado no meu lugar, olhei à minha volta, vi as câmaras e pensei: "Não deve ser difícil fazer um programa nocturno para jovens com todo este equipamento. Só temos de remover as cadeiras, colocar uma mesa e apontar as câmaras para a mesa e ... pronto, está feito!"

Se assistir a um dos episódios da *Xperience TV* (www.xptv.nl) vai ver que foi preciso um pouco mais do que isso. Muito mais, na verdade. Somos tão abençoados por termos uma junta que quer investir nos jovens e membros tão generosos que se disponibilizaram a financiar o projecto.

Mas ... isso nunca teria acontecido se tivesse sugerido, por exemplo, começarmos um projecto desportivo para os jovens ou um restaurante para os mais necessitados. Estas ideias não estão no ADN da nossa igreja. É nisto que somos bons. De certa forma, não pensei fora da caixa, pensei dentro da caixa. Já tínhamos tanto talento e capacidades dentro da nossa "caixa". Apenas tirei proveito do que já havia e acrescentei uma pequena ideia (fazer um programa nocturno para jovens) e o resto foi quase automático.

Portanto, antes de continuar a ler, tire um momento para pensar na sua igreja. O que é que a define? Pelo que é que as pessoas são apaixonadas? Ao ler mais sobre a *Xperience TV*, que tipo de ideias é que podem virar a sua igreja ao contrário?

Exemplo: *Xperience TV*

Com a *Xperience TV*, estamos a construir uma ponte entre a Igreja do Nazareno e os jovens da nossa cidade. O programa dá à noite e é cheio de música, jogos divertidos, entrevistas e pensamentos mais sérios que queremos partilhar. É distribuído através das redes sociais, mas também convidamos os jovens a vir assistir ao vivo.

Num programa típico, temos uma banda convidada, não demasiado famosa (leia-se: dispostos a tocar de graça), mas conhecidos o suficiente para terem um grupo de fãs. Lembro-me perfeitamente que uma vez convidámos uma *boysband* e que horas antes de iniciarmos o programa, já tínhamos uma centena de raparigas aos gritos para entrar ... na igreja. Ok, para elas não era uma igreja, era apenas um estúdio de televisão. Mas imagine o que foi. Quando é que foi a última vez que viu uma centena de miúdas aos gritos mortinhas por entrar numa igreja?

Aquele episódio em particular não foi o melhor. A banda fez o que sempre faz — cantaram uma canção horrível, de letra dúbia — fizemos alguns jogos e conseguimos ter dois minutos de conversa séria.

Mas o melhor aconteceu quando a câmara parou de filmar. Convidámos o grupo para um tempo de comunhão no café dos jovens. Elas sentiram-se tocadas pela atmosfera agradável e por serem aceites como são.

É esta a ideia. Depois de cada episódio os nossos líderes convidam todos os jovens presentes para outras actividades, pequenos grupos e estudos bíblicos. Ao fazerem isto, são uma ponte de ligação essencial para a igreja. Desde que começámos a *Xperience TV* o nosso grupo de jovens duplicou! O mais interessante é que não encontrámos apenas uma forma de chegar aos nossos jovens, mas vemos com regularidade jovens que não conhecem Jesus.

Sentem-se amados. Sentem que podem estar à vontade e com pessoas que se importam com eles. Temos percebido que "apenas" estar connosco no estúdio parece ser suficiente para mudar os jovens. Sentem-se amados. Sentem que podem estar à vontade e com pessoas que se importam com eles. Convidamos deliberadamente jovens não cristãos para a nossa equipa de produção, para que possam ver o que é a igreja verdadeira. Vão ver que temos discussões e falhas de comunicação, mas que também temos perdão, respeito e amor. Damo-lhes um vislumbre das nossas vidas enquanto trabalhamos, comemos e oramos. Através deste convívio, observamos uma mudança gradual nas pessoas; são mais interessadas, procuram juntar-se a outras actividades, constroem relacionamentos e começam a conhecer Jesus cada vez mais.

Confuso sobre como Deus trabalha

Quando me juntei à escola dominical, em criança, a ideia do evangelismo parecia simples: uma pessoa que ama a Deus entusiasticamente, fala a outras pessoas sobre Deus. Com este projecto, fiquei um pouco confuso com o que aconteceu. Passado pouco tempo, algumas das raparigas (fãs da *boysband*) começaram a vir mais regularmente e até se juntaram à nossa equipa de produção. Estava Deus a usar estas jovens não crentes para alcançar outros jovens não crentes?

Quando comecei o projecto, pensei que Deus fosse trabalhar principalmente através dos programas de televisão, mas agora, quando olho para trás, vejo que Deus trabalhou através dos relacionamentos. Deus estava longe durante a actuação da banda. Mas sem ela, um ano mais tarde, não teríamos podido conversar com uma das raparigas quando ela nos disse que tinha feito o segundo aborto naquele ano. Outra rapariga não teria partilhado connosco que esperava que o namorado da mãe, que sairia da prisão uns dias mais tarde, fosse um bom padrasto. Não sei exactamente o que disseram os líderes, mas é evidente que Deus estava a trabalhar através destas conversas íntimas.

Antes de continuar, quero pedir-lhe que se esqueça completamente do programa de televisão. É, provavelmente, uma péssima ideia tentar recriar o mesmo na sua igreja. Pense dentro da caixa outra vez. Qual é o ADN da sua igreja?

Exemplo: Projecto da Casa de Vidro

Um ano depois de começarmos a *Xperience TV*, tivemos uma excelente oportunidade para outro projecto evangelístico. Começámos o projecto da Casa de Vidro.

Este projecto foi organizado pela equipa da *Xperience TV*: um programa de 24h, ininterrupto, no centro da cidade de Vlaardingen, com muita música e desafios malucos, para angariar dinheiro e consciencializar as pessoas para os "desastres silenciosos". Era quase como um programa normal, mas que durava 24h e era no meio da cidade.

O plano inicial era organizar o projecto no parque de estacionamento da Igreja do Nazareno de Vlaardingen, porque era um projecto de bairro. Depois de falarmos com o governo local, passamos o projecto para o centro da cidade aumentando o seu impacto. O governo local estava entusiasmado com o projecto, o que era muito raro, uma vez que era organizado por uma igreja. Geralmente não gostam de se envolver com igrejas.

Organizar uma campanha evangelística *tradicional* não funciona na Holanda, mas com o sucesso da primeira temporada da *Xperience TV* fomos encorajados a ir mais além. O projecto tinha vários objectivos, camadas. Quanto mais nos aprofundávamos no projecto, mais percebíamos o nosso profundo desejo de falar às pessoas sobre o amor de Deus.

1. **Angariar dinheiro para um evento de apoio aos "desastres silenciosos" no mundo.** O projecto da Casa de Vidro é bem conhecido na Holanda. É organizado por uma rádio secular e pela Cruz Vermelha para angariar dinheiro para "desastres silenciosos" no mundo. Todos são chamados a agir e desenvolver os seus projectos para angariar dinheiro. Nós, enquanto cristãos, aceitámos este desafio e organizámos a nossa Casa de Vidro. Era pequenina comparada com o evento nacional organizado pela altura do Natal. O objectivo era angariar dinheiro para o evento nacional.

2. **Fazer as pessoas da nossa cidade pensarem sobre os "desastres silenciosos".** Durante aquelas 24h encorajámos as pessoas a tomarem acção pelos "desastres silenciosos" da nossa cidade. Por exemplo: pessoas idosas em solidão, mães solteiras desempregadas, ou refugiados que acabaram de chegar à cidade. A nossa crença, definida de forma clara, é que é bom não estarmos vocacionados para nós próprios, e que as pessoas serão mais felizes se partilharem o seu amor, a sua atenção, o seu cuidado e o seu dinheiro, em vez de apenas receberem. Estimulámos as pessoas a investir no seu vizinho e no seu bairro. Nesta altura focámo--nos apenas em ser bons cristãos, que cuidam e que amam, mas não abordámos o cristianismo directamente. Focámo-nos na santidade social e tentámos convencer as pessoas ajudar os mais necessitados.

3. **A construir relacionamentos.** Tínhamos a mesma filosofia com a Casa de Vidro e com a *Xperience TV*. Todos são convidados a participar na equipa. Aceitamo-los como são e trabalhamos com eles num projecto maravilhoso. Oramos, comemos, esforçamo-nos e perdoamos. Vivendo uma vida como Cristo e sendo o exemplo. Construímos relacionamentos e convidámo-los para assistir aos nossos programas mensais.

A rapariga com a câmara

Já passou um ano desde que organizámos o projecto da Casa de Vidro. E desde aí, sempre que entro na igreja olho para as câmaras. Será que a vou ver? Olho à procura de ver a rapariga que bateu no vidro quando estava a tentar manter-me acordado perto do fim das 24h de transmissão. "Posso ajudar-vos?" Eu, meio confuso, porque estávamos mesmo a terminar. "Não, nem por isso ... mas se quiseres podes vir ajudar no próximo programa de TV, daqui a um mês." "Está bem, mas não quero esperar tanto tempo. Posso ajudar-vos mais cedo?" A minha mente estava longe ao fim de 24h acordado, e não sei bem o que aconteceu entretanto, mas no Domingo seguinte lá estava ela, a operar uma câmara.

> Lembre-se de pensar dentro da caixa primeiro. Aposto que a sua igreja tem qualquer coisa pela qual as pessoas se entusiasmam. É a qualidade única da sua igreja. O ADN da sua igreja.

"Não se importa que eu não acredite em nada do que aquele senhor mais velho disse do palco, pois não?", sussurrou-me quando entrei na igreja. Não me importo? Não sei ... Acho que não posso esperar que ela acredite, mas era bom que acreditasse, pensei eu. Sorri meio confuso. Naquele momento o "senhor mais velho" começou a orar, o que me deu a oportunidade de pensar melhor na minha resposta, mas principalmente de agradecer a Deus por ela estar ali.

Um ano depois, ela ainda lá está quase todos os Domingos, a filmar o senhor mais velho que fala no palco e a dar-me um abraço apertado depois do culto. Vejo como Deus tem trabalhado na sua vida e penso várias vezes que todo o esforço, energia e preparações valeram a pena, só por ela.

Ser inteligente, tirar partido de todos os ministérios

Falando de muito trabalho, tenho de admitir que o projecto da Casa de Vidro talvez tenha sido um pouco ambicioso da nossa parte. Foi preciso ter um considerável número de pessoas a trabalhar quase a tempo inteiro durante alguns meses só para o organizar. Infelizmente, não conseguimos repeti-lo no ano seguinte.

Mas a Igreja do Nazareno de Zaanstad foi mais inteligente no ano seguinte. Também organizaram uma Casa de Vidro, mas fizeram-no trancando os pastores durante 7 dias no café da igreja que tem acesso interior à igreja. As pessoas que entravam para tomar café, podiam conversar com eles. Como em Vlaardingen, o projecto possibilitou a construção de relacionamentos com os vizinhos e organizações do bairro. E através destes relacionamentos eles partilharam o amor de Deus. O que é interessante no projecto em Zaanstad, é que eles organizaram o evento de tal forma que seria fácil repetir nos anos seguintes, com um pequeno esforço acrescido da parte do ministério que gere o café. O conceito da Casa de Vidro era o mesmo, mas a logística e planeamento necessários eram muito mais faceis.

ADN da Igreja: As qualidades únicas da sua igreja

Então, está entusiasmado para começar o seu próprio projecto da Casa de Vidro? Nem pense nisso. A sério, não faça isso. Lembre-se de pensar dentro da caixa primeiro. Aposto que a sua igreja tem qualquer coisa pela qual as pessoas se entusiasmam. É a qualidade única da sua igreja. O ADN da sua igreja.

Tem muitos professores?
Comece um ministério de explicações.

Tem muitas pessoas interessadas em desporto?
Comece um ministério que envolva o desporto.

Está localizado no centro da cidade?
Abra um ministério-café.

Tem um grupo de pessoas que gostam de fazer campismo selvagem?
Comece um ministério de sobrevivência.

Acho que percebe a ideia.

Pense dentro da caixa, para ter ideias completamente fora da caixa.

CAPÍTULO 6

Re-Evangelismo: Alcançar Aqueles Que Estão Saturados do Cristianismo

Dario Richards

Dario Richards é o coordenador das missões globais nas Caraíbas, e pastor sénior em Bridgetown, Barbados. Gosta do ministério de jovens pela oportunidade de encorajar os jovens a descobrir e buscar o seu propósito desde cedo. O mais importante para Dario é a salvação das pessoas. Para ele, o evangelismo é a principal via para chegar a elas.

Estava em êxtase por poder servir numa cultura e contexto novos. Desde as reuniões pré-viagem, durante a própria viagem e das primeiras reuniões no terreno, que antecipava grandes testemunhos de salvação. Imaginei-me a andar pelo bairro a partilhar as Boas Novas com os jovens que encontrava. Sonhava em envolver-me com o vendedor de rua e encontrar-me com a dona de casa durante o dia para estudarmos as Escrituras. Cada encontro que imaginava alimentava a minha vontade de partilhar o Evangelho e aumentava as minhas expectativas do que Deus faria. No entanto, ao fim de três dias no terreno, já estava cansado, frustrado e pronto a desistir. O meu entusiasmo desvaneceu e a êxtase de servir numa nova cultura foi substituída lentamente por uma depressão. Não era isto que eu tinha imaginado.

Certa noite, ao reflectir sobre as minhas frustrações, percebi que não tinham a sua origem na resistência e rejeição que enfrentei ao partilhar o Evangelho. Não foram as portas fechadas, os braços cruzados ou os "não, obrigado, não estou interessado" que causaram o meu desânimo. Nem foi a exaustão por caminhar todo o dia debaixo do sol sem ver ninguém a quem falar. Mesmo quando as pessoas ouviam a mensagem e escolhiam afastar-se sem qualquer tipo de resposta, eu era zeloso e levantava-me no dia seguinte para voltar a partilhar as Boas Novas. Não foi a oposição e rejeição ao Evangelho que me fizeram esmorecer e querer desistir, foi o facto de terem conhecimento e aceitação sobre o Evangelho.

O leitor deve estar confuso. Deve estar a pensar por que é que eu me sentiria deprimido, cansado, frustrado e pronto a desistir se as pessoas estavam a ouvir e a aceitar a nossa mensagem? Não era esse o objectivo? O nosso objectivo é convidar as pessoas a responderem às Boas Novas e a aceitarem Jesus como seu Senhor e Salvador, certo? É este o objectivo? Então qual era o meu problema?

Acredito que uma reposta honesta ao Evangelho exija mais do que uma concordância cognitiva de que é real. Exige mais do que saber recontar uma história de um Deus que tem um Filho que morreu numa cruz há muitos, muitos, anos. Na minha opinião, ser salvo não é apenas demonstrado na frequência ou filiação à igreja. Não somos salvos porque lemos a Bíblia diariamente ou oramos assim que acordamos e antes de ir dormir. A salvação não é hereditária. Não somos automaticamente salvos porque os nossos pais e avós são, ou porque crescemos num lar cristão. Não é uma herança que nos é deixada em testamento. Uma verdadeira resposta às Boas Novas de Jesus é muito mais.

A salvação não é apenas o que pensamos ou acreditamos. É a iniciativa de Deus que nos atrai para Ele (João 6:44), a qual é um dom de Deus que não merecemos nem podemos comprar (Efésios 2:8-9). No entanto, apesar de ser um dom de Deus, também temos a responsabilidade de viver a nossa salvação. Por esta razão, Don Thorsen refere-se à salvação como sendo um dom e uma missão.[1] Por outras palavras, a salvação deve resultar no nosso arrependimento e na decisão de nos afastarmos do pecado e andarmos fielmente em obediência a Deus. A salvação deve ser evidente na nossa confissão, convicção e contínua transformação à imagem de Deus. Simplificando, se somos verdadeiramente salvos, não pode ser apenas no dizer, deve dar fruto no que fazemos. Nas palavras de João Baptista, "Produzi, pois, frutos dignos de arrependimento (...)" (Lucas 3:8).

Voltemos então à minha frustração. Parecia que em cada porta que batíamos, havia um indivíduo que afirmava ser salvo. Mas na continuação da conversa, percebíamos que a sua experiência de salvação não era baseada no arrependimento que leva à transformação através de Cristo. Em vários casos, as pessoas consideravam-se cristãs porque acreditavam que Deus existe, ou porque frequentavam uma igreja, ou porque oravam e liam a Bíblia todos os dias. Devo interromper aqui e esclarecer que, ao compartilharmos o Evangelho, não estávamos a fazer juízos da cristandade das pessoas. Era durante as conversas, depois de afirmarem ser cristãos, que revelavam que a sua cristandade não era mais do que religiosidade. Não tinham qualquer testemunho de conversão ou aceitação de Jesus Cristo como Senhor e Salvador. Por exemplo, conhecemos uma senhora que estava convencida que era cristã porque ia à escola dominical em pequena e ainda orava e lia a Bíblia ocasionalmente. Apesar de já não ir à igreja, nem de se lembrar do momento em que escolheu aceitar Jesus como seu Salvador pessoal, estava convencida que as suas orações e crença eram suficientes para justificar a sua salvação. "Afinal de contas, até nem sou má pessoa como outros por aí", disse ela. "Eu leio a minha Bíblia, sabe!"

Enquanto missionário, o facto de muitas pessoas terem sido enganadas sem qualquer sinal de que estavam interessadas na verdade, era mais frustrante do que ser rejeitado. O mais deprimente é que não era a primeira vez que experimentava isto no campo de missão. A realidade é que, na minha terra natal, esta era a norma.

Em várias partes do mundo ocidental, há vários países que se podem considerar saturados do Evangelho. O cristianismo é tão abrangente, que se consideram países cristãos. O que é lamentável sobre muitos desses lugares é o aparecimento de um cristianismo *pop*, que está longe do cristianismo bíblico. Nesses contextos emerge um tipo de cristianismo egocêntrico, mais relativista, em vez de ser o cristianismo centrado em Cristo e baseado na verdade. Onde surge, há geralmente três repercussões principais: engano, dessensibilização e degradação.

Engano

O engano refere-se ao facto das pessoas se convencerem que são realmente salvas, quando não o são. Não há muito tempo, estávamos a evangelizar numa comunidade de uma nação considerada cristã. Ao andarmos pela rua a falar com as pessoas, reparámos num pequeno grupo de pessoas. Uns estavam a fumar marijuana, outros a jogar, outros a beber álcool e a dizer asneiras. Quando se aperceberam que estávamos ali, uma das raparigas pediu-nos que a seguíssemos até sua casa para orar pela sua mãe, que estava doente. Nós concordámos.

Quando chegámos, algumas pessoas entraram para orar e encorajar a senhora. Mas eu e a minha esposa ficámos do lado de fora e decidimos partilhar as Boas Novas com a rapariga que nos chamou. Enquanto falávamos, ela assentia com a cabeça, concordando totalmente com o que estávamos a dizer. No final, quando lhe demos oportunidade de responder à mensagem, fomos surpreendidos porque afinal ela era cristã. Tentando não a julgar, e partindo do princípio de que não era salva, dada a forma como nos conhecemos, perguntámos-lhe o que queria dizer com "já sou cristã". Ela apontou para a igreja e respondeu: "Cresci na igreja, oro todas as manhãs e às vezes vou ao culto."

Ficámos mais algum tempo com ela, falando sobre o cristianismo e sobre o Evangelho. Quando nos fomos embora estávamos em choque e magoados. Em choque, porque a rapariga estava absolutamente convicta que ir à igreja fazia dela cristã, e magoados porque estava completamente enganada. Ao ponderarmos sobre esta experiência, percebemos quantas experiências idênticas já tivemos no campo missionário, onde a mera afiliação à igreja durante a infância igualava a ser um cristão. Durante os devocionais naquela noite, orámos particularmente por pessoas cujo entendimento do Evangelho ou do cristianismo não estava alinhado com a Palavra de Deus. Orámos para que Deus abrisse os olhos e o coração destas pessoas para a Sua verdade e para a verdade do Evangelho. Não importa o quão popular é o cristianismo numa cultura, se os ensinos não estão alinhados com a Bíblia, as pessoas estão a ser enganadas.

Dessensibilização

Outra consequência do cristianismo *pop*, contra o cristianismo bíblico, é o que aparenta ser uma dessensibilização do indivíduo à mensagem do Evangelho. Em alguns países o Evangelho é tão popular que se encontra em qualquer lugar. É ensinado nas escolas, exibido na televisão, celebrado na cultura, etc. Até há feriados enraizados no cristianismo.

Infelizmente, mesmo que não haja nada de errado na promoção massiva do evangelho, uma das consequências é que as Boas Novas passam a ser apenas mais uma história na biblioteca de um indivíduo. É comum em algumas culturas encontrar indivíduos que saibam mais versículos de cor do que alguns cristãos. Eu já tive vários encontros com pessoas que admitiram abertamente que não eram cristãs, e tinham prazer em recitar as Escrituras à minha frente. Houve momentos em que estes encontros me deixaram a questionar o poder do Evangelho.

> **Como é que alguém pode saber tanto sobre Deus, sobre o Evangelho, sobre as Escrituras e ainda assim rejeitar o dom da salvação?**

Como é que alguém pode saber tanto sobre Deus, sobre o Evangelho, sobre as Escrituras e ainda assim rejeitar o dom da salvação? Comecei a convencer-me de que o Evangelho "não funciona". O que queria dizer que não tinha qualquer expectativa de que as pessoas respondessem às Boas Novas. Andava, literalmente, a bater de porta em porta e a sentir que estava apenas a perder tempo, porque ninguém ia aceitar Jesus Cristo. Depois de evangelizar durante alguns dias sem qualquer resultado, senti-me um fracasso.

Certa noite enquanto reflectia, lembrei-me que apesar da dessensibilização do povo, o Evangelho ainda era o poder de Deus para a salvação de
quem acreditar (Romanos 1:16). Naquele momento, percebi que o Evangelho
não era o problema; nem eram as pessoas; era eu. As pessoas podem estar
familiarizadas com a mensagem, mas o Evangelho mantém o seu poder.

Degradação

Qualquer indivíduo que declare ser de Cristo e tente viver em obediência
a Cristo, mas sem o poder do Espírito Santo, será uma fonte de muito
sofrimento. Esta estrutura cria um nível de expectativa impossível de alcançar. Naturalmente, as pessoas vêm à igreja à espera de receberem o
que se ensina na Bíblia. Mas infelizmente, isto às vezes resulta numa dura
experiência porque a igreja esteve aquém das expectativas.

Vários filósofos, teólogos e apologistas concluíram que estamos a viver
numa era pós-cristianismo. O pós-cristianismo, refere-se à perda da pri-
mazia do ponto de vista cristão em questões políticas, particularmente nos
países onde o cristianismo decresceu em favor de visões alternativas como
o secularismo ou o nacionalismo.[2] Inclui visões pessoais, ideologias, movi-
mentos ou sociedades religiosas que já não estão enraizadas na linguagem
e premissas do cristianismo, pelo menos não explicitamente, as quais,
outrora eram regradas pelo cristianismo. Por outras palavras, parece que
os países outrora considerados cristãos se estão a afastar do cristianismo
a toda a velocidade.

Não seria justo dizer que o pós-cristianismo é meramente o resultado do
sofrimento e dor causados pela aparente hipocrisia da igreja em zonas
saturadas do Evangelho. No entanto, é uma das principais razões. Apesar
do engano ser uma das realidades que inibem o Evangelho, há outras
experiências de rejeição. Em alguns casos, os indivíduos não estão neces-
sariamente a rejeitar Deus ou o Evangelho, mas a igreja.

No seu livro, *Gandhi: An Interpretation*, E. Stanley Jones partilha a história de
luta de Mahatma Gandhi e a sua decisão final de não se tornar cristão.

> "Não era fácil decidir ser cristão na atmosfera racista que se vivia na África
> do Sul. Como é que ele poderia ver Cristo no meio de tanto racismo? Ele viu
> Cristo em C. F. Andrews ... quando este pregou numa igreja na África do Sul, mas
> Gandhi não foi autorizado a entrar ... porque a sua pele não era branca."[3]

Stanley continua lamentando, "Como é que Gandhi poderia ver Cristo ao passar por isto? O racismo tem muito pelo qual se desculpar, mas o pior talvez tenha sido o ofuscamento de Cristo na hora em que uma das melhores almas alguma vez nascidas tomou a sua decisão."[4]

Estas três consequências — o engano, a dessensibilização e a degradação — são três das maiores ameaças ao avanço do verdadeiro Evangelho nos contextos onde este é conhecido. É por isto que parece haver um êxodo na igreja, principalmente pelos mais novos. O resultado é que a igreja está a perder influência e relevância nestes contextos e é incapaz de manter o impacto que outrora tinha.

O que é que podemos fazer?

Embora a igreja tenha alcançado uma série de coisas nestes países saturados do Evangelho, é evidente que também sofreu com muitos entraves. Seria uma pena que a igreja permanecesse inactiva ao ver a sua influência desaparecer por completo em países e sociedades onde outrora prosperou.

No entanto, considerando a actual situação, pensamos, o que é que se poderá fazer? Como é que a igreja recupera o seu progresso ou tem um impacto ainda maior nestes países? Como é que a igreja pode re-evangelizar estas nações?

Uma coisa é clara, o objectivo do re-evangelismo não será alcançado através de mais programas e actividades. A nova abordagem nestes contextos deve ser menos baseada nos programas e mais nos princípios. O foco não deve ser o que pode ser feito mas no porque é que tem de ser feito. Torna-se muito mais fácil construir programas eficazes, quando esclarecemos os nossos princípios.

Outra razão para procurar uma abordagem baseada nos princípios é garantir longevidade. Como igreja, queremos ter a certeza que o nosso impacto se mantém por várias gerações e isto só se alcança através da transferência de princípios sólidos. Os programas têm de mudar e serem adaptados ao tempo e à cultura, para se manterem relevantes. Mas os princípios devem manter-se inalterados. Transcendem culturas e gerações. Portanto, se mantivermos os princípios, a possibilidade da longevidade do impacto é inevitável.

Para este efeito, há três princípios fundamentais que devem ser a matriz de tudo o que a igreja busca: uma visão centrada em Cristo, uma missão holística e oração.

Visão Centrada em Cristo

Um dos maiores princípios de sucesso no mundo da liderança e dos negócios, é o conceito de começar com um fim claro. A ideia é que ao lutar por um determinado objectivo, devemos primeiro definir claramente esse objectivo. Devemos ter uma ideia clara do que desejamos alcançar. Os líderes e pensadores chamam a esta ideia visão.

Por definição, uma visão é uma imagem de um futuro desejado. Captura o destino da jornada pretendida e mantém os nossos olhos fixos e focados. Da mesma forma, se a igreja quer ser bem-sucedida no re-evangelismo, deve ter uma visão clara do que quer alcançar.

Isto leva à pergunta, o que deve a igreja ambicionar ao reentrar nestes contextos? Simplificando, o seu único objectivo deve ser produzir indivíduos que conhecem Cristo, vivem como Cristo e partilham Cristo com o mundo. Cristo deve ser central em tudo o que faz e tudo o que busca. Do início ao fim, a centralidade de Cristo é crucial em qualquer esforço e deve ser a única marca de sucesso no evangelismo. Por outras palavras, no re-evangelismo, a igreja só é bem sucedida quando os seguidores de Cristo são semelhantes a Cristo.

Um dos grandes benefícios de ter uma visão clara é que começa a influenciar todos os outros componentes da jornada. Por exemplo, imagine que quer fazer uma viagem, portanto vai à cidade e compra um carro. Isto é óptimo; de certeza que um carro nos leva numa viagem. Mas e se estiver a morar nas Caraíbas e quiser fazer uma viagem a Inglaterra? Nesse caso, desperdiçou o dinheiro ao comprar um carro, porque é impossível fazer esta viagem de carro.

> **Do início ao fim, a centralidade de Cristo é crucial em qualquer esforço e deve ser a única marca de sucesso no evangelismo.**

Se, no entanto, determinar o destino antes de considerar o meio de transporte, não vai apenas poupar dinheiro, vai também escolher o meio mais adequado. O princípio é o destino determinar o meio de transporte, que acaba por determinar a viagem. Insistir na centralidade de Cristo no re-evangelismo, vai impactar cada outro aspecto dos esforços evangelísticos da igreja.

Perguntamo-nos se não foi esta a visão desde o início. De uma perspectiva bíblica, foi. Do ponto de vista experiencial, não foi. Em muitos casos, os problemas que surgiram nos países saturados com o Evangelho, surgiram porque a igreja começou a ficar satisfeita com apenas as conversões em vez de levar os novos convertidos a serem mais como Cristo. Repetir a oração do pecador passou a ser a medida do sucesso, quando deveria ser o fruto do arrependimento e a semelhança a Cristo. Como resultado, é fundamental para reafirmar que o principal papel da igreja é o de apontar os outros para Cristo e ajudá-los a serem mais como Ele.

Esclarecendo, tal visão deve impactar e transformar directamente as nossas estratégias de evangelismo. Se o nosso destino é ser como Cristo e ver outros a tornarem-se cada vez mais como Ele, os nossos meios de transporte devem ser adequados. Já não estamos a evangelizar para que alguém repita uma oração connosco. Estamos a evangelizar na esperança de que a pessoa não só se salvará, mas que também entrará na jornada de ser transformada à semelhança de Cristo. Se adoptarmos esta linha de pensamento, dificilmente veremos o evangelismo e o discipulado como entidades separadas.

Missão Holística

Há alguns anos, uma equipa de missionários nazarenos embarcou numa viagem missionária de 7 meses, por toda a região da Mesoamérica. Um dos participantes, teve um encontro durante uma sessão de evangelismo numa comunidade das Caraíbas chamada St. Kitts. No terreno, encontraram um homem da religião rastafarian que era completamente anti-igreja. A sua linguagem e atitude indicavam que não tinha qualquer interesse em ouvir nada do que tinham para dizer.

Curiosamente, a equipa decidiu que se iria envolver num projecto de serviço comunitário para limpar a comunidade onde estavam a evangelizar. Para sua surpresa, o tal homem decidiu juntar-se a eles no terreno. A certa altura comentou: "É para isto que a igreja serve!" Referindo-se a que a igreja deve ter mais para dar do que apenas palavras. Como resultado, o homem interessou-se um pouco mais no que o grupo de missionários tinha para lhe dizer.

Jesus (e, por sua vez, as Escrituras) é um firme defensor da missão holística. Missão holística refere-se à capacidade e intencionalidade da igreja em alcançar os indivíduos e as comunidades que serve, suprindo as suas necessidades. Ao longo das Escrituras, Jesus atende às necessidades espirituais, físicas e até emocionais das pessoas.

A razão pela qual enfatizo esta abordagem como um aspecto do re-evangelismo, é não ser a norma em contextos saturados. As igrejas nestes países são, geralmente, unidimensionais, procurando suprir apenas as necessidades espirituais. De facto, muitos dos danos causados pela igreja surgiram de uma abordagem unidimensional ao ministério. A missão holística não é apenas bíblica, é também uma ferramenta relevante e eficaz no re-evangelismo.

Uma vez tive a oportunidade de ouvir o Dr. Ravi Jayakaran, Associado Sénior na Integral Holistic Mission do movimento Lausanne, falar sobre missão holística. Durante a sua palestra, Dr. Jayakaran declarou: "Há três componentes claros que devem fazer parte integral da missão: palavras, obras e maravilhas." Eu gostaria de acrescentar mais um: vida íntegra.

Palavras

As palavras referem-se ao facto de que nas missões holísticas, a Palavra de Deus deve ser comunicada verbal e audivelmente. As pessoas têm de ouvir o Evangelho completo, puro, numa linguagem que possam entender. Sem palavras, a missão holística está incompleta.

Obras

As obras referem-se aos actos de serviço que nós, enquanto igreja, desenvolvemos nas comunidades que servimos. Onde quer que estejamos, haverá necessidades. Em alguns casos, as necessidades serão mais evidentes do que noutros, mas podemos ter a certeza de que vamos encontrar necessidades. Nós, enquanto igreja, temos a responsabilidade de responder às necessidades dos outros. Tal como a equipa em St. Kitts, devemos mostrar o amor de Deus.

Maravilhas

Maravilhas referem-se ao envolvimento sobrenatural de Deus. Na missão holística, não só estamos interessados nas necessidades sociais e comunitárias, mas também estamos interessados nas necessidades espirituais e físicas. A missão holística providencia uma plataforma para Deus fazer milagres na vida das pessoas à nossa volta. As maravilhas são um componente necessário para a missão holística.

Vida Íntegra

Por vida íntegra, refiro-me ao facto da minha vida ter um papel crucial na missão. A principal forma de repararmos o dano causado pela igreja é através da forma como vivemos. Ter uma vida íntegra é sermos indivíduos de integridade, verdadeiramente representando o que significa sermos transformados por Deus.

Através do envolvimento com estes quatro elementos, estamos no bom caminho para sermos o sal e a luz do mundo (Mateus 5:13-16). Através da missão holística, permitimos que a nossa luz brilhe de tal forma, que os homens vejam as nossas boas obras e glorifiquem o nosso Pai Celestial (Mateus 5:16).

Oração

A história está repleta de inúmeras ocasiões em que homens testemunharam do tremendo mover de Deus. A oração é o elemento comum entre todos eles.

Para muitos, a oração é apenas uma conversa com Deus. Mas as Escrituras retratam a oração como mais do que uma conversa. É também um veículo. É como convidamos Deus para entrar nas nossas situações, com o único objectivo de vermos o Seu Reino e a Sua vontade no meio das nossas dificuldades. Se há um lugar onde Deus é extremamente necessário, é nos esforços evangelísticos.

Devemo-nos lembrar que o evangelismo, num contexto saturado, ou não, é primeiramente um assunto espiritual. Apesar do engano, da dessensibilização e da degradação causados pelo cristianismo *pop* serem factores impeditivos, como já mencionámos, na sua raiz, o problema será sempre espiritual: o pecado. Portanto, questões espirituais exigem soluções espirituais. A única solução real e eficaz para o problema espiritual do pecado é Jesus Cristo.

É por isto que a oração é imperativa nos nossos esforços. Através da oração, reconhecemos o verdadeiro problema e convidamos a Verdadeira Solução a entrar e resolver o assunto. Através da oração, reconhecemos que independentemente do contexto, não temos qualquer poder para salvar ninguém e que o único capaz de o fazer é Jesus Cristo. A oração convida Jesus a libertar os homens e as mulheres do pecado, traz a verdade ao seu engano, condenação na dessensibilização e cura na degradação.

Há ainda outra dimensão em que a oração é crucial no re-evangelismo. Por um lado, a oração é importante para a transformação das pessoas que estamos a tentar alcançar, por outro, a oração também é importante para a transformação dos nossos corações e postura face às pessoas que

Devemo-nos lembrar que o evangelismo, num contexto saturado, ou não, é primeiramente um assunto espiritual.

queremos alcançar. Há duas coisas que são sempre importantes em qualquer forma de evangelismo: a nossa percepção das pessoas que desejamos alcançar e a postura do nosso coração em relação a elas.

Mateus 9:35-38 é uma excelente ilustração deste ponto. Estes versículos dão-nos um vislumbre do ministério de Jesus. Mateus 9:35 diz que Jesus estava em digressão, oferecendo ensinamentos e cura a quem precisava. "E, vendo a multidão, teve grande compaixão deles, porque andavam desgarrados e errantes como ovelhas que não têm pastor" (v. 36). Este versículo retrata a percepção que Jesus tinha das pessoas (desgarrados e errantes, como ovelhas sem pastor) e a postura do Seu coração perante elas (teve grande compaixão).

É de notar que foi a Sua percepção das pessoas que definiu a postura do Seu coração. Ele teve compaixão porque não as viu como empecilho. Jesus percebeu que as pessoas desgarradas e errantes precisavam de orientação. Esta percepção levou-O à compaixão, que O inspirou a agir positivamente e a libertá-las.

Nós devemos fazer o mesmo. Devemos ter a percepção e a postura correctas perante as pessoas que servimos. Num contexto saturado pelo Evangelho, isto pode ser particularmente difícil. É fácil achar que não há nada a fazer e que as pessoas estão para lá do alcance de Deus. Especialmente num contexto em que estão familiarizadas com o evangelho e se recusam consistentemente a recebê-lo. Podemos ficar magoados e fazer juízos sobre as pessoas, o que acabará por afectar a nossa eficácia.

A oração é uma estratégia importante que mantém correctas a nossa perspectiva e postura. Ao orarmos pelas pessoas, o Espírito Santo é capaz de suavizar os nossos corações e manter-nos pacientes e compassivos para com as pessoas que servimos. O re-evangelismo é um processo entediante e se queremos alcançá-lo os nossos corações devem estar no lugar certo.

Como é evidente, o papel da oração no re-evangelismo é importante. É necessária tanto para os nossos corações como para os corações das pessoas que queremos alcançar. A história da igreja está cheia de exemplos do poder da oração na transformação de qualquer contexto, e as nações saturadas do Evangelho não são diferentes. Através da oração, podemos ver o mover de Deus no nosso contexto.

Re-evangelizar nações saturadas pelo Evangelho não será uma tarefa fácil, mas é, no entanto, possível. Ao sermos conscientes dos problemas que actualmente existem nestes contextos — o engano, a dessensibilização e a degradação — e decidirmos fazer parte da solução de Deus para estes, podemos experimentar a mudança que queremos ver. Ao colocarmos Jesus em primeiro lugar, adoptarmos uma postura de oração e envolvermo-nos na missão holística, vamos experimentar a mudança que desejamos.

OBRAS CITADAS/NOTAS

Introdução

1. Oden, Thomas C. *John Wesley's Teachings, Volume 2: Christ and Salvation* [Kindle Edition]. Zondervan, 2012.

    Esta obra do Espírito é o tipo de graça a que Wesley chamou "graça preveniente" ou "aquilo que precede a graça". A raiz latina é esclarecedora. A graça preveniente é tratada como um artigo de fé nos Artigos de Religião. A graça preveniente é o que move o pecador em direcção à plenitude da graça, mesmo antes das implicações da salvação serem reconhecidas.

2. Kipp, Mike, Kenny Wade. *Being Real: Sharing Your Faith without Losing Your Friends*. Barefoot Ministries of Kansas City, 2007.

Capítulo 1

1. Schmelzenbach, Harmon Faldine. *Schmelzenbach of Africa: The Story of Harmon F. Schmelzenbach, Missionary Pioneer to Swaziland, South Africa*. Nazarene Publishing House, 1971.

2. Barrs, Jerram. *Learning Evangelism from Jesus*. Crossway, 2009.

3. Ibid.

4. Bustle, Louie E., Stan Toler. *Each One Win One*. Beacon Hill Press of Kansas City, 2006.

Capítulo 2

1. Platt, David. *Follow Me: A Call to Die. A Call to Live*. Tyndale House Publishers, Inc., 2013.

2. Chambers, Oswald. *My Utmost for His Highest: 2016 Grad Edition*. Barbour Books, 2016.

Capítulo 4

1. Smith, Oswald J. *El avivamiento que necesitamos*. Xulon Press, 1925.

2. Stott, John. *A Missão Cristã no Mundo Moderno*. Falcon, 1975.

3. "Vulnerabilidade social." *Wikipedia.org*, pt.wikipedia.org/wiki/Vulnerabilidade_social. 7 maio 2017.

Capítulo 6

1. Thorsen, Don. *An Exploration of Christian Theology.* Baker Academic, 2008.

2. "Postcristianismo." *Wikipedia.org*, es.wikipedia.org/wiki/Poscristianismo. 24 abril 2017.

3. Jones, E. Stanley. *Mahatma Gandhi: An Interpretation.* Lucknow Pub. House, 1991.

4. Ibid.